你好，陌生人

你好，
陌生人

项飙 等著

项 飙　刘小东　何袜皮　李一凡
刘悦来　沈志军　贾冬婷　段志鹏

中信出版集团｜北京

图书在版编目（CIP）数据

你好，陌生人 / 项飙等著. -- 北京：中信出版社，
2025. 5. -- ISBN 978-7-5217-7525-9
Ⅰ. C912.11
中国国家版本馆 CIP 数据核字第 2025DL0937 号

你好，陌生人
著者：项飙 等
出版发行：中信出版集团股份有限公司
（北京市朝阳区东三环北路 27 号嘉铭中心　邮编　100020）
承印者：河北鹏润印刷有限公司

开本：880mm×1230mm 1/32　印张：9　字数：195 千字
版次：2025 年 5 月第 1 版　印次：2025 年 5 月第 1 次印刷
书号：ISBN 978-7-5217-7525-9
定价：55.00 元

版权所有·侵权必究
如有印刷、装订问题，本公司负责调换。
服务热线：400-600-8099
投稿邮箱：author@citicpub.com

目 录

引言　我是陌生人

透明，不透气　　　　　　　　　　　　　　　　　　006
认可和认得：作为陌生人的小镇做题家　　　　　　　014
反向共情　　　　　　　　　　　　　　　　　　　　020
不能安生的陌生人，如何安生式地思考？　　　　　　023

第一章
看人不是看相，看的是内在的生活感
项飙对话艺术家刘小东

"生活"跟"活着"不一样　　　　　　　　　　　　　034
诚恳就是不停地矫正自己　　　　　　　　　　　　　040
分类的目的，在于看见具体的人　　　　　　　　　　047
看身体，看一个生活积淀出来的人　　　　　　　　　049
酷，就是敢于下判断，而且下的判断非常准确　　　　053
生活样式下面，还有没有生活　　　　　　　　　　　057
线上是观点和观点的打架，线下是人与人的交流　　　060
今天的生活，同时面临着意义过剩和意义缺失　　　　063
重复地工作，就像重复地吃饭一样　　　　　　　　　066

第二章

我们怕的是亲密关系还是陌生人
项飙对话"没药花园"主理人何袜皮

身边的安全和摆脱的愿望	072
对陌生人的戒备和对亲密关系的恐惧	077
陌生化和靠切割解决问题	078
寄居蟹人格,表面是"你需要我",其实是"我需要你"	083
保安群体:典型的"熟悉的陌生人"	085
危险是对"被污染"的恐惧	086
保安的自我价值感很低	092
恐惧成了一种会员制	097
盲盒式生活是恐惧的另一面	105

第三章

在流水线上没有历史,做杀马特才有
项飙对话纪录片导演李一凡

为什么拍摄杀马特	112
自黑不是杀马特	113
杀马特是个家族,是个意义空间	115
杀马特和"屌丝"不一样	118
暴富、抱负、报复	122
难以进入的宿舍	124
陌生和陌生化的区别	126
快手上的杀马特	129

每个人都有自己的急迫	132
杀马特和父辈的隔阂能化解吗	139
知识与所处环境的断裂	142
到他们生活的现场去	144
年轻人如何对自己的生活形成一套解释	146
为什么我们对生活的理解没有质感	149

第四章

为什么陌生的花园会带给我们喜悦
项飙对话社区营造实践者刘悦来

重建附近，"把手"很重要	156
社区花园是一种照顾	162
怎么处理花园里的麻烦	167
当你真正要去突破的时候，开始行动就好	169
花园再小，也要有个名字	172
植物的逻辑，不是折叠，是展开	177
"小"往往更有韧性，来克服脆弱性	181
中国的社区营造，需要看见附近	187

第五章

在动物园看动物，其实也是在看自己
项飙对话"百兽之王"沈志军

红山动物园有什么不一样	196
眼睛是心灵的窗户，万物皆通	198

怎么看动物　　201
人类用范畴把世界打包，动物有自己的一套　　207
通过谈论动物，人和人的关系也可能会变化　　215
尊重意味着我们要持续地注意，每次看都看到新东西　　224
和谐取食与优胜劣汰　　227
不把人类当中心，反而使我们有更丰富的感触和思考　　229

第六章
"你好，陌生人"是"附近的消失"议题的延续

跟陌生人交往，是一种场景阅读，是对自己生命经验的调动　　239
找到具体的把手，感受生命过程的意义　　245
代际关系中的陌生：跟逐渐老去的父母对话　　250
病了，才看到完整的自己　　254
年轻人"玻璃心"，是一件好事情　　258
生活就是各种各样的"非必要"　　261
别人的魅力和力量，其实来自你自己　　264

后记　"制造"对话场

从"看见附近"到"看见陌生人"　　269
"用心栽花"与"无心成柳"　　271
放大对话场　　276

引言

我是陌生人[①]

项飙

谁是陌生人？

陌生人不仅仅是不认识的人。世界上从来都有无数我们不认识的人。如果不认识的人是遥远的，跟我们没有关系，那么他们并不一定成为一个议题，甚至不会进入我们的意识。意识到世界上有很多我不认识的人，而且这些人可能和我有关，这本身是一个现代现象。在前现代社会，陌生人的出现往往成为一个事件。陌生人要么被定义为敌人，要么成为被格外热情接待的稀客。[②]在拉丁语系里，敌意（hostility）和好客（hospitality）两个词同根，都来自 hostis（外人、来自远方的人）。[③]敌意和好客可以在片刻间转换。只有到

[①] 本文得益于我和马克斯·普朗克社会人类学研究所（以下简称"马普所"）的同事的讨论。我特别感谢段志鹏、屠思齐、梁萌、康岚、刘博、栾欣燕、次群仁宗等同事的分享和帮助。

[②] 贾雷德·戴蒙德（Jared Diamond）根据对新几内亚的热带雨林的观察，指出部落在雨林中遇到陌生人，很容易发生争斗和杀戮，因为彼此认为对方是威胁。见：Jared Diamond, *Collapse: How Societies Choose to Fail or Succeed* (Penguin Books, 2011)。但是大卫·格雷伯（David Graeber）和大卫·温格罗（David Wengrow）认为，北美的印第安人天然是好客的，贯穿北美大陆的印第安群落会在不同地方得到陌生部落的热情接待，见：David Graeber and David Wengrow, *The Dawn of Everything: A New History of Humanity* (Allen Lane, 2021)。

[③] Jacques Derrida, "Hospitality", *Acts of Religion*, trans. Gil Anidjar (Routledge, 2002), 356–420.

了现代，"陌生人"成为一个相对稳定的概念，他们长期处于既不是敌人也不是客人的中间状态。①英国作家丹尼尔·笛福1719年出版的《鲁滨孙漂流记》，可以被认为是一部现代社会对"陌生人"的发现史。欧洲殖民探险者鲁滨孙发现了远方从未想象过的陌生人，当他回到伦敦，站在闹市街头，觉得自己成了陌生人，但是因此感到自洽。陌生人成为一个普遍性的现代人格；在这一人格背后，是种族、阶级、性别差异，是殖民驱动下全球资本主义体系的形成，是资源掠夺和人力剥削，但这同时也意味着个体意识和自由、民主制度的兴起。对世界历史进程有更深刻影响的，是"星期五"们对鲁滨孙的发现。他们遭遇了奴隶贩运者、殖民主义者、探险家、掠夺者，经历了血腥的镇压、传统社会的瓦解、物质和科技的发展。民族和国家意识的形成，他们对欧洲陌生人的回应，成为人类20世纪革命和变革的重要动力。

现代陌生人，也在更微观层次上反映了特定的经济和社会秩序。德国社会学家齐美尔说，陌生人的一个重要特征是"今天来了明天不走"②。所谓"明天不走"，我的解读是，陌生人在当地的经济和社会中找到他们的位置，但是却无法在文化上、精神上、生活方式上与当地融合成一体。齐美尔很可能在想着欧洲的犹太民族。犹太人在商贸上扮演重要角色，但却在宗教上和社会上受怀疑和排

---

① 萨斯基娅·萨森（Saskia Sassen）认为，在现代民族国家兴起之前，流动劳动力——比如季节性的收割工、渔业工人——是往往被当作客人对待的，但是在民族国家兴起、国际边界变得明确而坚硬之后，客人变成了异乡人。见：Saskia Sassen, *Guests and Aliens* (The New Press, 2000)。
② Georg Simmel, "The Stranger", *The Sociology of Georg Simmel*, trans. Kurt Wolff (The Free Press, 1950), 402–406.

斥。和这样的陌生人形象相联系的角色,包括所谓的"少数族群掮客",即文化上的少数族群成为经济上活跃的中间人[1],以及帕克所谓的"边缘人"[2],比如移民及他们的后裔。作为陌生人,他们完全不处在社会之外,相反,他们是社会生活中不可或缺的部分。我们讨论陌生,总是因为它意味着某种关联。

陌生人社会的出现,既带来了疏离和冲突,也意味着包容和进步。18世纪以来以德国和英国的浪漫主义为代表的对工业社会的批判,很大程度上是出于对陌生人现象的警惕,他们觉得陌生人的普遍化代表着社会冷漠、紧张,甚至有瓦解的危险。马克思关于异化的理解,是跟陌生的概念直接联系在一起的;异化意味着世界变得陌生。受马克思主义影响的存在主义,也往往以陌生人的视角对社会的荒谬和压迫进行批判,法国作家加缪是一个典型代表。在与中国有关的研究中,李海燕梳理了中国近现代文学作品中各种陌生人的形象,包括妇女、外乡人、外国人,甚至鬼怪。通过对这些陌生人的描绘,近现代社会建立起什么是"自然"的、什么是"不自然"的,什么是"安全稳妥"的、什么是"需要警惕"的等等级区分。[3]苏黛瑞(Solinger)[4]和张鹏[5]对中国民工的研究也指出,户籍

---

[1] Edna Bonacich, "A Theory of Middleman Minorities", *American Sociological Review* 38, no. 5 (1973): 583–594.
[2] Robert Park, "Human Migration and the Marginal Man", *American Journal of Sociology* 33, no. 6 (1928): 881–893.
[3] Haiyan Lee, *The Stranger and the Chinese Moral Imagination* (Stanford University Press, 2014).
[4] Dorothy Solinger, *Contesting Citizenship in Urban China: Peasant Migrants, the State, and the Logic of the Market* (University of California Press, 1999).
[5] 张鹏,《城市里的陌生人——中国流动人口的空间、权力与社会网络的重构》,袁长庚译,江苏人民出版社,2014年。

制度把流动人口排除在正式的城市生活之外，把他们变成"低人一等"的"异类"，即陌生人。

另外一种看法则认为陌生人是现代社会开放、理性的表征，是现代社会前进的动力来源。如果没有对远方陌生人的想象和认同，就不可能有康德的世界主义，不可能有在20世纪政治中扮演了重要角色的普世主义价值。安德森认为，现代民族主义是一个"想象的共同体"，其心理基础是把在国境之内的，不管多远的陌生人想象为是跟自己息息相关的。现代交通、地图、白话小说、报纸等等是构建这个现代陌生人形象的基础设施（或者用安德森的话说，是想象的共同体的"语法"）[1]。社会学开山鼻祖涂尔干认为现代社会的本质特征是复杂的分工，彼此不认识的陌生人彼此互相依赖，形成他所谓的"有机团结"。有机团结取代了传统社会里熟悉人因为彼此相似而共同相处的"机械团结"。有机团结带来了经济、社会和政治上的重大创新。[2] 对于少数族群、女性、年轻人，陌生和匿名往往也意味着自由。这是城市吸引人的重要原因之一。

我们在今天讨论陌生人，不仅是因为我们需要处理冷漠和自由、疏离和解放之间的关系，也是因为21世纪初的中国社会在经历一个更具体的趋势，即陌生人社会的进一步"陌生化"。"陌生化"是指20世纪末以来出现的几个趋势。首先，陌生在日常生活

---

[1] Benedict Anderson, *Imagined Communities: Reflections on the Origin and Spread of Nationalism* (Verso, 1983).
[2] Emile Durkheim, "Preface to the Second Edition", *The Division of Labour in Society*, trans. W. D. Halls (Macmillan Press, 1902), XXXI–LIX.

中变得普遍而平常，陌生人和非陌生人之间的界限在淡化，"内外有别"不再那么重要，人们对陌生人的戒备和恐惧、好奇和关怀都变得稀薄，而"无感"是对陌生人的最大感受。其次，让一些年轻人紧张的，不是怎么和陌生人打交道，而是怎么和熟人来往。人们刻意把关系维持在陌生或者准陌生的状态。而且，亲密关系也越来越容易陌生化。亲密的人突然成了不认识的人，少数年轻人甚至希望通过"断亲"来保护自己。如果说，在经典的现代状态下人们意识到陌生人是跟自己有关的，那么在今天，人们感到认识的人和自己无关。到最后，"陌生化"也意味着自己成了自己的陌生人。自己不能够认得自己究竟是谁，不知道自己要什么。当自己做出一个决定，甚至当自己爱上一个人，或者被一个人爱上的时候，自己不断地怀疑：我的决定、我的爱是真心的吗？"爱无能"是陌生化的一个后果。"周末恐惧症"——周末看着时钟一秒一秒地走，巴不得快点到周一，别人给自己布置任务才让自己觉得踏实——是另一个自我陌生化的例子。自己不能够跟自己单独在一起。在一个到处都是陌生人的社会，人们可能感到不安，也可能感到兴奋；而在一个"陌生化"的境地，弥散的是孤独和迷茫，是存在意义上的不安——不知道自己应该如何和世界、和自己相处。人们担心的不是一个陌生人突然来骗自己，而是怕自己会变成某一个陌生人那样，突然爆发，做出不可思议的事情。

我们组织这场"你好，陌生人"对话，不仅仅是要探求如何接纳陌生人、理解陌生人，更重要的是探讨如何面对"我是陌生人"的问题。我们的对话嘉宾从社会科学研究、绘画、电影、社区发展、犯罪分析、人和动物的关系等角度，一起思考陌生化背后的社会变迁，讨论可行的应对方法。在讨论中我们凸显日常生活的视角，希望探索"安生式"的思考方式，即立足于生活经验，可以帮助我们在陌生化的洪流中找到自己的立足点和行动点的思想探索。

透明，不透气

中国社会的陌生化趋势，可以从近几十年陌生人的形象变化中略见一斑。在 20 世纪末，中国人公共意识里的陌生人是和道德焦虑联系在一起的。当时出现一系列见死不救、对陌生人冷漠无情的事件，也出现了陌生人对提供帮助的人倒打一耙，所谓"碰瓷"的现象。人们不敢帮助陌生人，也不敢轻易接受陌生人的帮助。1994 年暑假，我和北京大学的同学一起去东莞做民工调查，在京广线上，火车一路广播"千万不要把贵重物品托付给陌生人照看，对陌生人的建议要格外小心"。我和同行的同学对此颇不以为然，我们说公共宣传应该提倡公共信任，不应该反复提醒要提防彼此。一通理论评论后我在座位上酣然入睡。醒来的时候，我发现放在头边的价值不菲的索尼牌小型录音机不翼而飞。坐在周围的乘客面无表情，一问三不知。我和同学面面相觑，不知道怎么在理论上自圆其说，经济上的损失更让我心疼了一路。

当时的公共道德焦虑，是和 1980 年代末期以后城乡人口流动的陡然增加，城市里出现了大量陌生人紧密相关的。在东莞，我们亲眼看到了市民和地方政府对经济蓬勃发展中的社会秩序的顾虑。我们也看到了民工的陌生人状态：他们是城市经济发展的基础之一，却进入不了城市社会；他们在农村老家还有自己的根，但是也回不了老家。他们被城里人当作陌生人，他们自己也觉得自己是陌生人。我印象特别深的是，民工告诉我，他们最经常的冲突并不起源于车间里面的劳动关系，而往往是宿舍里面的生活琐事，比如上厕所、洗头、用电热炉的问题。在我原来的想象中，宿舍是民工变成朋友、团结互助的基础，而事实则相反，在狭小的共同生活的空间里，他们形同陌路。①

在三十年后的今天，火车的广播不再提醒陌生人的危险，我也不用担心录音机会被偷。无处不在的摄像头、人脸识别技术使社会治安大大好转，陌生人和陌生人不再彼此害怕。但是生活里的"陌生化"似乎也进一步加强了。我们这组对话的嘉宾之一李一凡导演，在拍纪录片《杀马特我爱你》时，去了我当年调查的同一个镇。李一凡导演发现，同一宿舍的民工几乎不认识彼此。车间的流水线是 24 小时不停的，工人没有统一的上下班时间，而是被轮番安排进厂出厂，宿舍成为工人们轮番睡觉的地方，在任何一个时点都有人在睡觉。室友的陌生化在今天已经普及到大学生、青年白

---

① 我用"悬浮"的概念来概括这一状况。在我 1995 年的报告中，"悬浮"主要强调民工群体在当时城乡割裂的社会中的结构性位置。2014 年之后我用"悬浮"描述一种生存状态和意识。见：项飙，《中国社会变迁中的"悬浮群体"》（本科论文，北京大学社会学系，1995）；Biao Xiang, "Suspension: Seeking Agency for Change in the Hypermobile World", *Pacific Affairs* 94, no. 2 (2021): 233–250.

领、青年公寓和城中村的租客等等。①我的一位德国同事问我，他的朋友在德国莱比锡大学，同宿舍的中国学生从来不跟别人说话，而且别人问他愿不愿意聚餐、一起出来玩时，他的反应让人觉得他似乎受到了冒犯。我的猜想是，这名中国学生可能觉得交往是一种负担，同时他也可能害怕，当彼此不再陌生、互相了解后，关系会变得复杂，成为更大的负担。

伴随着陌生化趋势的是有序化，即社会变得更安全、更可预测。这种高度有序的陌生化，呈现出段志鹏所说的"透明不透气"的特征。设计研究者段志鹏是我在德国马普所的同事，是这组对话的策划人之一，他和《三联生活周刊》的贾冬婷一起主持了我们的对话。志鹏指出，像玻璃和塑料这样的材料是透明不透气的，它们让人一览无余，但是物质无法穿透，密封的玻璃和塑料容器可以杀死几乎一切生命。透气不透明的东西，包括树叶、泥土、海水、带着露水和灰尘的空气，特别是有机体的皮肤。靠着永不停息但往往不可见的物质渗透和交换，生命才得以维持。志鹏进一步阐述道②：

从建筑学的角度想，我认为现代建筑设计的主要战场就是对于

---

① 2020 年代在中国各地城市出现的集住宿和学习为一体的"自习机构"是陌生化的典型例子。这些机构对外往往是全封闭的，在内部，室友之间几乎不交流，高度陌生。学习行为是高度统一组织的，但又是完全个体化的。

② 段志鹏最早于 2022 年 2 月在一次内部小组讨论中提出这一说法。他提到，当代设计的一个特征是把复杂的机器结构放在白盒子里，以在外表呈现出简洁的外观，比如电冰箱。在撰写本文《我是陌生人》的时候，我请段志鹏进一步阐述。以下两段话引自他的电子邮件（2024 年 12 月 21 日），引用时有少量改动。

透明性的争夺。早期玻璃由于技术限制，透明性没有这么好。18世纪之前，玻璃在建筑上的作用主要是透光，而不是透明。例如，中世纪教堂的彩色玻璃窗，让光线穿过却没有让视觉完全穿过；甚至，它需要视觉上不能穿过以保持神秘。但在工业革命之后，一种新的建筑形式——车间出现了，这种近似教堂尺度的建筑需要大量自然采光让工人在白天的室内工作。技术上得以实现也是因为18世纪平板玻璃的生产技术有很大的优化，包括批量生产、打磨技术，还有增加透明度的玻璃配方。在车间的设计上，大片平板玻璃大量用于建筑的外立面；这种车间式的建筑成了现代设计的母题。①

屏幕的出现让玻璃不仅仅可作为展示的物质，它开始能互动了。智能手机的出现让玻璃成了可触摸的作品，我们可以按压玻璃。我想到透气，也是从我们的聊天里想到触摸屏开始的。疫情期间我能从我的屏幕里看到那么多信息，这些信息让我焦虑，但是我关上屏幕，它突然就变成一块玻璃了。玻璃成了一种有限可交互的物质。20世纪有很多关于人穿过屏幕的科幻想象，但是现在这种想象不多了，仿佛默认了玻璃的交互只能遵循输入和输出信号的逻辑。触摸屏幕，用键盘输入信号，屏幕上给你反馈一些视觉信息。那时我在想，这个材料真冷酷，让你看到但是封锁你的其他感官。看到世界却摸不到世界还挺残忍的。项老师之前写过一篇关于移民

---

① 段志鹏注：后来的经典文献是科林·罗（Colin Rowe）和罗伯特·斯拉茨基（Robert Slutzky）写的《透明性：字面的与现象的》(*Transparency: Literal and Phenomenal*)，这本书的主要观点之一是建筑学不仅要追求一种物理意义上的透明透光，还需要将透明看作 an instrument of design to create intelligible order（即让身处在建筑内的人在行走中感受建筑的秩序和深度）。

和窗口的短文 ①，也可以从玻璃的这种特性来理解。

21世纪早期的中国社会变得越来越透明，或者更精确地说，越来越按照透明化的原则来组织，要把一切都变得一目了然、可以预测，尽量减少惊讶、奥妙和等待。但是，人和人之间听不到彼此的呼吸，难以打开自己，也不敢打开对方。一个个陌生人就是一个个清晰的陌生人，他们不会转变成朋友、敌人、客人，不会带来暧昧、惊喜、阴影、高光。这里的透明，并不是说人真的可以看到一切，而是说你想看到的、觉得重要的东西都已经摆在眼前，而那些你不想看到的、觉得不重要的——比如那个蹲在离我50米远的地上的戴滑雪帽的中年人为什么伤心——被处理成不可见。凡是可以被看到的都是合理的，那些没有看到的是不想看也不用看到的。反过来，当我们看不到某件东西，我们也就认为那个东西不存在或者不应该存在。客观上的看不见，内化为主观的不去看见。我们可以看到想看到的无穷无尽的陌生人，可以和他们打招呼、通过社交平台建立联系、毫无顾忌地表达自己的想法，但是他们永远是陌生人。如果这些陌生人的回应不是我们想要的，我们可以马上拉黑他们，或者他们屏蔽我们。整个世界似乎就在我们的指尖，在屏幕上一切尽收眼底，但是顷刻间这个世界会变成一个黑屏。我们似乎掌握了可以鸟瞰世界的神器，但是好像总是站在生活的外面。

---

① Biao Xiang, "Windows: The 21st-Century Migration Experience", *Migration: A COMPAS Anthology*, edited by B. Anderson and M. Keith, COMPAS, Oxford, 2014.

生活变得透明而不透气,是和公共的抽象化联系在一起的。透明显然意味着公共——大家在这里一览无余甚至无处遁形,但这个公共不是由无数个体通过互动搭建出来的,而是靠一个全面贯穿我们生活的第三方系统捏合而成的。这个第三方定义所有的个体,规定所有个体的行为,所有的个体都直接对第三方负责。通过个体间横向互动而形成的公共是不透明的,而是透气的;通过一个统一的第三方建立的公共是抽象的也是透明的。这个第三方在历史的不同阶段有不同的呈现方式和效果。它可以是神,比如在一个高度宗教化的社会,所有的个人对神效忠和负责。这个第三方可以是货币,如齐美尔分析的那样,货币可以把一切定量化,让所有人按统一的理性去计算和预测。① 这个第三方也可以是商品,比如马克思深刻揭示出商品生产和交易的逻辑消除了各种社会差异,把几乎所有的社会关系都变成商品的隶属。这个第三方也可以是政治权威。边沁设计的圆形监狱是高度透明的,因为所有的囚犯把监狱中央瞭望塔上的士兵当作核心的参照,即唯一一个近乎万能的第三方,而囚犯和囚犯之间没有沟通。② 阿伦特对极权主义的兴起做了这样的描画:所有的个体奔向一个权威,个体和个体之间没有隐私、没有实质性差异,也没有实质性联系,从而完全透明。③

在 21 世纪,这几种力量——意识形态的、经济的、政治的——

---

① Georg Simmel, "The Metropolis and Mental Life", *Simmel on Culture: Selected Writings Theory, Culture and Society*, ed. David Frisby and Mike Featherstone (Sage Publications, 1997), 174–186.
② Michel Foucault, *Discipline and Punish: The Birth of the Prison* (Vintage Books, 1977).
③ Hannah Arendt, *The Origins of Totalitarianism* (Harcourt Brace Jovanovich, 1973).

以空前细密复杂的方式联系在一起。同样重要的是，技术成为贯穿各个领域、具有决定意义的第三方。线上支付、监控和人脸识别，使得社会生活高度透明，也使得彼此的实质性交流近乎消失，不再透气。技术对日常公共话语的影响尤其明显。日常公共话语原来是通过个人的书信、面对面的对话、闲言碎语、口碑、名气等要素交叉而成的。在社交媒体和平台经济时代，每个个体都可以直接参与到透明的公共中去，其间没有间隔，没有缠绕，也不需要中介和等待，但是大家的表达非常小心，因为在系统面前，每个人都是"裸人"。出租车的变化是一个值得分析的例子。在 1990 年代的中国城市，出租车曾被戏称为"人民广播电台第一频道"。出租车司机有无数的社会新闻和小道消息，也有无尽的热情去向乘客输出观点、和乘客辩论。但是今天的出租车里变得非常安静。变化的缘起之一，是 2010 年代末网约车的治安事件。在治安事件普遍减少的趋势下，这些案件引起了社会的恐慌。平台公司和政府的策略不是加强资格认证和劳动关系调整，而是引入了全面的监听体系。这确实在一定程度上保障了人身安全，但是也使得司机和乘客彼此间不再交流。司机不愿意多谈，有的司机在座位前贴上"此车有录音"的提示，监测系统甚至会自动提醒司机和乘客"请不要讨论和行程无关的事项"。另一个例子是，人们在街上、饭馆等公共场合说话时也不得不多留一个心眼，因为不知道哪里有人在录音、录像、直播，随口说的话可能被录音甚至直播。在日益稀薄的生活里，无数的人在稠密地录制，制造一个透明的世界。

职场是第三方力量把公共抽象化的另一个场所。一位名叫Opera 的网友反思为什么同事之间如此陌生。他在工作中发现，同事之间往往是点头之交，反而是离职之后才有更深的互动。工作中的陌生化当然和人与人之间的竞争与利益争端有关，但是更可能是结构性的。技术的发展，使得每个人的工作过程对系统来说几乎是完全透明的。因为每个个人直接和系统对应，个人之间不再需要发生联系。系统为了保证和个体的高效互动，也不鼓励个人间的横向联系。友情变得稀缺，正因为友情是自由个体之间情感上的共振、思想上的共享，可以完全脱离作为第三方的体系。因为抽象的公共性，陌生人本身不再可怕，而陌生人的聚集——陌生人和陌生人之间也许会产生某种超出陌生的关系——成为需要不断提防的危险。

当一切都是透明的，抽象的公共性往往也失去了内容。比如道德考虑可能变得虚无。人类之所以有道德问题，很大程度上是因为人们信息有限。在事情不透明的情况下人们需要做出判断和选择，这时候人们就需要道德，道德使人和人可以在不透明中继续有意义地交往。作为美德的助人为乐，是要求人们在很多方面做模糊处理的，比如，求助者是不是需要帮助，求助者怎么使用善款，他是不是真的感恩。当人们要把求助和帮助变成一个完全透明的过程，对求助者高度警惕、要调查求助者的"真实背景"、审问施助者的"真实动机"，那就把道德问题变成风险控制和效率管理的概率问题了。这并不意味着人们从此不再有道德焦虑，就可以安心。相反，在道德问题变成概率问题之后，一切变得不可信、不真实、不可控。所有的善意都带上了阴影和疑团,道德伦理考虑被弥散性的心理紧张和焦虑所取代。通过社交媒体精确寻友是另一个透明可能带来焦虑的例子。人和人的交流变成一个配对和选择的过程,当然是空前高效的。但是这也意味着你永远在被判断、被审视。人们要时刻警惕不能释放负面信号,否则就可能被抛弃和否定。加缪笔下《局外人》中的陌生人默尔索,到处看见灿烂的阳光,照亮一切的强光让他目眩、失控。让默尔索失控的阳光是不是我们的透明?

人们一方面觉得有太多未知,前途未卜,另一方面又觉得一切都可以一眼看穿;这二者在追求透明化的社会里并不矛盾。一个囚犯不知道另一个囚犯的情况,囚犯也不知道今天和明天会发生什么,这完全不影响他们生活的透明感。在透明的世界,人的命运已经被系统的力量决定了,未卜的前途是个人的不幸,它们没有意义;同时,如果一个人真正符合了透明世界的规则,这些未卜事件都可以被克服,变成可卜。人生的意义似乎就在于按照那些写在墙上、挂在空中的标语来克服自己那些不透明的经历,变成人人认可的人。归根到底,透明是社会组织的方式,是人们理解个人和社会关系的一个意象,从而也成为人们客观的存在状态。

认可和认得:作为陌生人的小镇做题家

如果说流动人口是 20 世纪后期中国社会中陌生人的代表,那么"小镇做题家"则是 21 世纪陌生人的一个典型形象。小镇做题家是 2010 年代在中国青年中出现的一种普遍的自我意识。小镇做题家是一个具有强烈反思性的自我指称。一方面,小镇做题家意识到自己是成功者,他们学业优秀,上了大学,落户城市,进入了中产阶层,实现了社会地位的跃升。另一方面,小镇做题家往往在工作和生活里感到无所适从、孤独和迷茫,明明自己通过努力获得了这个位置,却觉得这个位置不是自己的。小镇做题家和流动人口形成鲜明的对比。流动人口是体系(特别是户籍制度和社会保障体系)的陌生人,他们无法从正式体系里获得生存资源,而必须在体系之外闯出一片天地。而小镇做题家是体系的自己人,他们一直受体系的高度认可,从体系里获得保障,在城市里他们不觉得自己是一个外来人口,但是小镇做题家却觉得自己不是生活的主人。

小镇做题家往往把自己的陌生感归因于出身背景:来自小城镇的他们没有见过"世面",教育资源的匮乏造成他们社会和文化资本的缺乏。但是这不能够解释为什么小镇做题家的意识没有在以前出现。村镇出生的人在中国的革命和改革中发挥了重大作用,他们并没有这样的陌生感。相反,小镇背景往往被认为是一个优势。比如我们的对话嘉宾之一、艺术家刘小东,他的小镇背景是他创作和思想的重要灵感来源。而且,在 20 世纪末,城乡教育条件的差距明显缩小。2000 年以后,全国范围的乡村撤点并校让大量的农村孩子进入县城小学,实行住校,他们的学习和娱乐方式和城市孩子没有太大不同。另外,小镇做题家的心态在很多城市出生的年轻人身上也有体现。小镇做题家的意识之所以引起广泛共鸣,正是因为它反映了很多人的心态，而不仅仅是某个群体的独特之处。

小镇做题家的自我陌生化，与其说是他们的特殊背景所致，不如说是他们长期背负的、要摆脱自己的背景的压力使然。不是乡村背景"不饶恕"他们，而是他们切断乡村背景的努力夺去了他们的从容，使他们不再能有力地运用自己的"生活世界"①提供的资源。1990年代的流动人口虽然是城里的陌生人，但是他们有他们的老乡关系，他们与老家保持精神上的联系，他们有他们的生活世界；而小镇做题家往往是孤身作战的。小镇做题家从小就被告知：离开你的家乡是你要追求的目标，你应该把自己看作你的环境里的陌生人。他们熟悉城市环境和城市中产的生活方式，对自己的原生环境反而知之甚少。深圳大学的一名本科生在我的一场对话中讲道：

> 小镇做题家的宿命就是总觉得自己要离开自己出生的地方，而且要离开得越远越好，因为在出生的地方都是痛。家看似熟悉，也不熟悉。这一路下来没有跟任何一片土地产生真正的联系。上学期间，就是在一个非常孤立的生活空间，封闭管理。总是犹豫的，觉

---

① 我在这里沿用现象学里的"生活世界"概念。胡塞尔认为，我们认识世界的过程，并不是一个客观存在的外在的世界等待我们去发现，而是我们通过经验来认知世界。所以，什么样的经验（生活世界）决定了我们会感知到什么样的世界。舒尔茨沿用胡塞尔的生活世界概念，强调它是"前概念存在"，是对个人来说唯一真实的世界，因为它是人们直接根据自己的经验和意识到的世界，它不是靠概念、理论去定义的，而是感官和经验直接形成的。超越生活世界的存在，比如"教育系统""劳动力市场""科技界"都是虚拟性的。哈贝马斯进一步延伸，认为生活世界里通过人和人直接交流形成的互相理解，是有效民主的基础；我们必须警惕"系统"（特别是国家权力和市场力量）对生活世界的侵占。尽管我们不一定同意生活世界是整个社会意义系统的基础这个说法，但是我们不得不承认，生活世界直接影响我们对社会和对自己的认知。狭窄的生活世界使人的经验基础变得非常薄弱，他可以有强烈的自我意识，但是没有形成可以调用的"知识储备"（舒尔茨）对其他人形成丰富的理解，对面临的社会情况形成仔细的判断，从而不能形成有效间隔。

得不安全、不熟悉。觉得逃离就是我们的使命,这个鬼地方再也不想回来了。觉得生活不受自己的掌控,有一种彻底的无力感。

除了要逃离家乡,小镇做题家也一直生活在简化甚至切断生活关系的状态中。深圳大学的另一名同学在同一次对话中说:

(小时候)课业很繁重,没有什么社会化,父母就把我们抛给学校。生活的经验跟我自己的经历完全是分隔开的。父母在外面做生意的情况我完全不知道。那些不在这些好学校里读书的同龄人的情况我也完全不知道。自己就这样孤立在实际当中……觉得自己离自己的生活很远,没有办法理解这些人。觉得自己是怪物,也觉得别人是怪物。

小镇做题家的陌生化也可能和他们强烈的自我否定倾向有关。一位参加了"看见最初 500 米"工作坊的学员虽然本人并不是来自小镇,但是她对自己的勇敢剖析可能讲出了很多年轻人的心声:

父母、老师和自己构造出一个理想的人,这个理想的人非常强大,对自己非常厌恶,但他是假的人,他压抑了"我"这个真的自己,把"我"变成一个空心的人,所以形成无力感,不知道为什么会存在于这里。所以"我"的斗争真的是一种生死的斗争,就是觉得要不要存在的斗争。因为这个强大的"我"看着自己,是不愿意接纳自己的，自己如果不能够满足世俗的那些成功标准，就觉得自己没有存在的价值，不能被别人接纳。是的，"我"的底层逻辑就是自己不能够接受自己。现在的情况是不好的，"我"是厌恶自己的。我的厌恶，并没有什么特别的对象，或者厌恶自己的某一种性格，这种厌恶是很具扩散性的，就是觉得本来的自己什么都不好，只有努力的样子才是好的。不仅仅是在工作上、学习上，在颜值上、身体上、体重上都觉得自己不能接受，所以要去健身、参加各种培训班，要学习社交礼仪、学讲话。所以说，所谓"人设"，就是觉得本来的自己不好，需要重新设计一个人。

小镇做题家的陌生感，反映了社会生活"透明不透气"的特征。他们生活的透明性体现在，他们的成长轨迹和成绩符合体系规定的标准和预期，被毫无悬念地认可。他们体会到的不透气，体现在他们无法从容地表现个人的挣扎、犹豫和苦恼。他们获得了"认可"，欠缺的是"认得"。认可是系统根据既定的标准，评价一个人的成果，决定给予奖励还是惩罚。认得，则是一个主体对另外一个主体的理解，是一个人对另一个人的情绪、考虑、挣扎和历史的看见，它不涉及考验、判断和奖惩。

认可是单向的，是系统对个体的判断，追求认可的个体无法对系统产生影响。而认得是双向的。认得必须通过双向的交流来实现；认得给人们带来的尊严感，不来自表扬和奖励，而来自交流过程的真诚性。认得的双向意味着，如果我们不认得别人，我们也不能够感知到别人对我们的认得。这也意味着，我们对自身价值的确认，不只来自别人对我们的认得，其实也来自我们对别人的认得。这是因为，在认得别人的时候，我们要把自己打开，要在唤起自己的经历和情感的过程中去认得别人。认得的"得"，不仅是指对别人有新的理解，也是指自己对自己有新的心得。我们对别人的认得、别人对我们的认得、我们对自己的认得，是浑然一体的。一个人如果只有光鲜透明的成绩，而没有可以述说的经历，那他不能被认得，也很难认得别人。而且，在长年追求认可的过程中，自己变成自己要动员和控制的对象，要压抑自己各种和学业无关的冲动，自己不再认得自己的自然感受，自己成为自己的陌生人。

我们现在面临的问题，不仅仅是认可取代了认得，更严重的是，认可成了认得的基础。"爱是有条件的"——你要证明你值得爱，爱才存在——是不少年轻人从小感到生活沉重的重要原因。他们中的大部分人并不缺乏爱，但是家庭、学校和社会灌输的爱的"条件感"让滋养变成了负担。而获得爱和认得的条件，就是要先获得认可。很多人之所以要牺牲这么多时间和精力来追求认可，正是因为这是他们获得认得的基础——通过证明我是正常的、成功的，以获得关注、理解和爱。网名为KK的朋友（26岁，大学毕业后在公务部门工作，最近辞职）在给我的一封信中写道："我们从小浸淫在一种紧绷的氛围里。在亲情中，要偿还父母的牺牲；在学业或事业中，要把别人挤下去；在婚姻中，要维持伴侣心中的理想形象。似乎每种社会关系都有一套要求，无法达到标准的人，就会失去被倾听与被爱的资格。"在我们的线上交流中,他提到了吴谢宇的案子:"从农村到北大,我觉得每一个人都可能是他。他没有别的可以抓住的东西,他自己的上进心、努力学习、证明自己,是唯一可以生存的理由。他母亲是证明的对象。他的生命被这样的证明耗尽,杀死母亲是他的终结(无止境地追求认可和认得)。"当认可成为认得的基础,亲情可能变得格外沉重。吴谢宇也许是默尔索的镜中像。默尔索疏离了他的母亲("我母亲在今天去世了,也许是昨天,我不知道。"这是我们听到的默尔索的第一句话),拒绝社会对他的判断,认为人的存在毫无意义。默尔索在疏离和抵制社会关系的过程中陌生化。吴谢宇依附于母亲、依附于社会,不断得到认可,他在追求认可和获得认可的过程中将自我陌生化。吴谢宇,是我们这个时代悲剧性的陌生人。①

反向共情

在今天的中国,人和人互相陌生化,不是因为觉得别人和自己太不一样,无法理解对方,而可能是相反的,觉得大家和自己太像了。既然大家都差不多,我们就失去了好奇心,没有兴趣去了解别人。大家都一样,也就意味着彼此的利益考量相似,随时可能会有竞争和冲突。因为大家太像了,如果要打开对方,可能会暴露出自己的伤疤。因为大家都一样,对方的挣扎不值得特别同情,对方的

---

① 吴琪、王珊,《吴谢宇:人性的深渊》,《三联生活周刊》,2023 年第 29 期。

成功也不值得特别庆祝，对方对事业的热情也值得怀疑。一位建筑学院的博士生告诉我，她曾在美国交流，她特别用心地做了一个交通设计的作业项目，同学们见了都很兴奋，但是一名来自中国的同学说的第一句则是："你怎么这么卷啊？"

这是一种共情：人同此心，心同此理。但是这种共情，和我们平常所说的、形成深度理解的共情很不一样。奈杰尔·拉波特（Nigel Rapport）强调"任何人"意识（任何人都可能会有这样的经历、"下次可能是我"）让人们超越自己所在的具体的生活世界，意识到人类的共通性。"这种不可还原的生命力量（force of life），通过超越任何将其还原或分类的尝试而体现出来……使我们能够超越政治范畴，承认我们的同一性。"① 但是，"大家都一样"的想象也会导致陌生化。一个人感到孤独，可能是因为你找不到和你相似的人，但也可能是因为当你放眼望去，到处都是和你相似的人。生命的意义和归宿都已经被定义好了，大家都是对彼此的复制。无可言说，不需要言说。所以我称之为"反向共情"。

为什么共情有可能从"正向"变成"反向"？两者之间的一个重要差别可能是它们的出发点。正向共情的预设更可能是"人人不一样"：生活是多面向的，人是复杂的，每个人的经验，特别是此刻的感受是不一样的。正向共情从"人人不一样"出发，带着尊重和兴趣，在交流过程中发现彼此之间具体经验的重叠和类似。反向

---

① Nigel Rapport, "Anthropology through Levinas: Knowing the Uniqueness of Ego and the Mystery of Otherness", *Current Anthropology* 56, no.2（2015）: 256–276.

共情的起点是"人人都一样",它甚至把人人都一样作为看见的前提:只看见一样的,不一样就意味着不正常,不应该出现在我的透明世界里,是屏蔽的对象。反向共情从"人人都一样"出发,看见了不一样就觉得是干扰,是异常,或者是对方在假装。

"反向共情"是一个人为建构的结果。"功利化假设"是其建构过程中的一个侧面。功利化假设并不意味着把彼此想象成竞争对手。它指人们应该按此预设去理解世界和处理人际关系。既然大家做事情都有各自的计算,所以最好不要多问,也不必多问。功利化假设也是在提醒自己:把注意力集中在那些最能够带来真金白银的事情上,对没有直接关系的事情没必要去管。这和以己度人、由己及人不一样。以己度人和由己及人中的"己"是明确的,从确定的自我意识出发,假设别人和自己是一样的。而反向共情和功利化假设并没有一个清晰的自我意识作为出发点。它强调的是所有的人"应该"一样,要按照这个"应该"来设定自己怎么想和怎么做,不是以己推人,而是以人推己。功利化假设在一定意义上也是一个自我保护机制。它把生活里那些情感上的复杂、细微、不能功利化的内容尽量剔除,世界从而变得简单而透明,思考因此快速而丝滑,单一的逻辑可以解释所有的事情。

建构反向共情的另一个机制是"去历史化",即把自己生命中不体面的、不符合主流期待的、和眼前的利益追求没有关系的那些部分尽量切除。何袜皮在和我们的对话中提到一个案例,一名父亲为了新的婚姻的美满杀死了自己两个未成年的孩子。这固然是一个极端得不能再极端的例外，但是也反映出具有普遍性的心态，即新的开始似乎必须以彻底埋葬过去为条件。和去历史化相联系的是去现实化。精心呵护的"人设"、对照片甚至网络会议镜头的自动美化、网络小说中对"双洁"或者"双处"（主人公在心理和生理上都是处女或处男）的推崇，都是在给现实化妆，把自己变得没有历史，变得和别人期望的一样。处女膜修复手术之所以残酷，不仅仅是因为它要掩盖过去，用生理手术把自己锁定在要对自己和对别人终生撒谎的死角，也不仅仅是因为它意味着向低俗力量下跪、出卖生命经验和尊严，而且因为这种切断、这样的去历史化和去现实化，让人真心实意地痛恨自己，诅咒曾经爱过甚至现在依然爱着的人，希望他们不要存在。自我的清洗漂白，把自己交给了魔鬼。

不能安生的陌生人，如何安生式地思考？

"你好，陌生人"，我们说这句话，并不意味着我们认为自己是本地人，是已经找到安身立命之所的人。但是，要细致地分析"我是陌生人"这样的主体性位置，反思陌生化的状态，又不能够以一种陌生人、局外人的方式来思考。我们需要的可能是一种"安生式"的思考。我在这里用的"安生"这个词，是试图对海德格尔的"栖息"和潘光旦的"中和位育"概念做一个结合。栖息，是觉得自己在此刻的存在是安全、可感知和丰富的。栖息是给自己在大地上盖一间房，呵护这个家，自己和世界的各个组成部分都是紧密关联的。同时，自己的存在具有开放性，人在不断变化，生活会不断呈现新的意味。① 栖息是每一刻的一种存在状态，而"位育"是一种伦理意义上的存在状态，指人在丰富的社会关系里找到一个合适的位置，和生活的方方面面和谐相处（此谓"中和"）。在社会关系里和谐地定位之后，人就可以不断地生长、勃发，② 各得其所，安所遂生。借用潘光旦的话，我们可以说海德格尔的栖息是"人本主义"的（关注人和自然、人和自己的关系），位育是"人文主义"的（强调社会关系和社会伦理）。③ "安生"希望把这二者结合起来。

　　安生式的思考是基于这样的意识：改变现状，不能靠某个行动、某个抉择，而必须对生活形成新的理解，从新的理解出发长出新的行为、新的关系、新的生活意味。这种新的理解必须是基于具体现实的，直面各种纠结（为什么我总觉得自己是个陌生人？为什么我会下意识地和别人比较？为什么我难以接受这样或那样的评论？），而不是要对生活做总体的好坏判断（为什么生活不是我想要的样子？为什么一切都是不正义、不平等的？）。安生式的思考是要把自己的经验"有意识化"。阿琳·戈尔德巴德（Arlene Goldbard）

---

① Martin Heidegger, "Building Dwelling Thinking", *Poetry, Language, Thought* (Harper&Row, 1971). 同时可以参见：Jarrett Zigon, "An Ethics of Dwelling and a Politics of World-Building: A Critical Response to Ordinary Ethics", *Journal of the Royal Anthropological Institute* (N.S.) 20,no.4(2014):746-764; Tim Ingold, *The Perception of the Environment: Essays on Livelihood, Dwelling and Skill* (Routledge, 2021).

② 周飞舟，《人伦与位育——潘光旦先生的社会学思想及其儒学基础》，见《潘光旦社会学文集》代序，商务印书馆，2019年。孙飞宇，《作为"位育"的通识教育：潘光旦的本土化视角》，《北京大学教育评论》2021年第19卷第1期：71-86，191。

③ 潘光旦，《中国人文思想的骨干》(1934)，引自孙飞宇《作为"位育"的通识教育：潘光旦的本土化视角》。

继承保罗·弗莱雷（Paulo Freire）的思想，区分了"有意识化"（conscientization，也可以翻译成自觉化）和我们常说的"提高意识"（consciousness raising）。"提高意识"是传播已经存在但人们还不知道的知识。"有意识化"是行动者对社会现实进行反思，找出经验中的矛盾，意识化是他们实践的内在部分。[1] 保罗·弗莱雷的教育思想是，要让受压迫的群体通过自我经验的叙述，而不是通过对额外理论的学习，逐步意识到自己的社会处境。[2]

安生式的思考是开放的，需要不断地在不同的经验和想法间来回往复，不断纠正自己。这种思考的目的不在得出结论，甚至没有明确的方向，但是它的每一步，都力图给经验更丰富的意义，要让自己的想法更加接地气。这样的思考过程像在水里徜徉或者在林间漫步，引起情绪上和身体上的感应，就好像好的艺术和哲学作品，它让思考长到经验里，让经验长到思考中，让我们长到我们的环境当中。思考和经验像藤蔓互相缠绕，切实地抱住我们的身体。但是，安生式的思考不是个人一味地向环境寻求和谐。安生式的思考要把保守和进取结合起来。保守是指对现实条件形成清晰的认识，在充满不测的世界里给自己一个立足点。进取是指以此为基础，对现有状况从不同角度做出新的理解，对现有条件做充分的具有创造性的利用，让自己不断学到新东西，甚至知其不可为而为之。如

---

[1] Arlene Goldbard, *New Creative Community: The Art of Cultural Development* (New Village press, 2006).
[2] Paulo Freire, *Pedagogy of the Oppressed*, trans. Myra Bergman Ramos (Continuum International Publishing, 2005).

果没有这样进取的一面,那就不是思考了。"非思考"甚至"拒绝思考"的岁月静好和"小确幸",不能够帮助我们处理今天的生活问题。

在当今的生活状况下,尤其对于处于"陌生人"状态的年轻人来说,安生式的思考方式是需要额外的努力去发展的。我们从现代教育里获得的思考习惯,是非安生式的,它要把思考的内容对象化(物化),进行有距离的、抽象演绎式的思考,从而是高度"透明"的。如阿伦特所说,纯粹的思考往往是对真实的逃避,最后导致偏执的可以明确解释一切的意识形态。① 要发展安生的思考方式,第一步可能是把思考处理为一个实践过程,即意识到,思考是和观察、记忆、身体感知、表达、对话不可分割的。"你好,陌生人"这组对话,就是这样一个思考实践,它探索作为实践的安生式的思考可以是什么样的。我们邀请的五位对话嘉宾,都是"认得陌生人"的专家——他们的工作是了解和表达陌生人的生活与心理状态。比如,艺术家刘小东,他以高度写实的风格让观众看到那些无所不在但是又面目模糊的陌生人(比如民工、小镇青年)究竟长什么样。人类学者何袜皮研究了中国社会里我们最熟悉的陌生人之一——保安,同时通过微信公众号系统分析当下的犯罪案例。纪录片导演李一凡,让我们认识了"杀马特"——以具有"炸街"效果的奇异发型来表达自己的陌生感的低收入年轻人。城市设计专家

---

① Hannah Arendt, "Ideology and Terror: A Novel Form of Government", *The Origins of Totalitarianism*, (Harcourt Brace Jovanouich,1973).

刘悦来一直在组织陌生人参与城市社区花园建设。最后一位，南京市红山森林动物园的园长沈志军，要把动物园变成以动物为中心的动物园，把作为陌生者的动物放在中心。同时，作为艺术家、研究者、社会行动者，他们的工作不仅仅把陌生的现象变得熟悉，他们更是要提出陌生的视角，把熟悉的现象重新变得陌生，引起新的反思。

如读者将会看到的那样，我们对话过程中浮现出来的思考线索是非常多样的。在这里，我提一点我从对话中学习到的发展安生式思考的心得，那就是"场景"很重要。不管是在了解熟人、认识陌生人，还是认识自己的时候，我们都是先意识到具体的场景，再通过场景来理解场景中的人，否则，对一个单纯的、孤立的人，包括自己，是很难把握的。这也是存在主义，特别是萨特，强调场景（situation）的原因。[1] 对场景的重视，首先意味着把人看作他的历史经历的浓缩。刘小东说，他画人的时候，对眼睛和脸部——我们通常认为是最重要的部分——往往轻轻带过。他更在意的是身体：躯体的结构，肌肉是松弛还是紧张，手臂怎么摆放，两条腿怎么站……在小东看来，眼神和表情是有意识的，可以假装，也很容易受当时偶发因素的影响。而身体是最诚实的，因为它离意识更远，更直接地体现这个人社会背景和生命经历的浓缩。当刘小东去到军

---

[1] Jean-Paul Sartre, *Search for a Method*, trans. Hazel Barnes (Alfred. A Knopf, 1963). 参见 Hermann Wein, "The Concept of Ideology in Sartre: 'Situatedness' as an Epistemological and Anthropological Concept", *Dialogue: Canadian Philosophical Review / Revue Canadienne de Philosophie* 7, no. 1 (1968): 1–15。

营写生的时候,要选择写生对象,他就等士兵开会的时候站在会场后面,看士兵的坐姿和躯体来决定哪几个人有代表性和典型性。他画的是从背后认得的(由经历积淀出来的)"人",而不是从前面看到的(有意识地自我呈现出来的)"像"。在不知道这些人的具体经历,甚至没有机会和他们说话的情况下,可以精确地捕捉和传达出这些经历积淀出来的样子,这是艺术家超常才能的体现,也和他平常对人生、对各种场景的高度敏感分不开。

其次,场景也意味我们要充分注意人们在社会关系中的位置。比如,何袜皮对于保安的理解,来自她对保安在社会中、在小区中的位置的深刻观察。保安要杜绝很多外来人员,比如拾荒的人、外卖员等进入小区。但在业主眼里,保安与他们是同类人,都是不值得信任的同一社会阶层,保安无非临时穿上了一身制服而已。保安在工作中,也经常要向业主行使权力。比如遇到业主没有交停车月费时,保安不得不禁止业主停车,但是业主觉得保安没有资格拦他,因此常常发生冲突。所以跟业主打交道是很多保安最讨厌的事。在具体场景中保安和业主之间复杂微妙的关系,使保安处于人际关系矛盾的风眼。

纪录片导演李一凡在拍摄杀马特的过程当中经历了一个令人寻味的转折。他最初看到杀马特惊世骇俗的发型,以为这是一群反文化的年轻人,以自黑的方式显示自己的主体性。后来杀马特告诉他"自黑不是杀马特"。杀马特自己觉得非常边缘化,他们要的是最基本的认得。他们觉得好孩子会被欺负,把自己搞成一个坏孩子的形象就不会被欺负。头发立起来,别人可以看到他们,不会欺负他们。而"自黑"往往是祈求主流认可但没有成功的反应。那些"黑"杀马特的,即在网络上谩骂杀马特、在街上围堵杀马特、摁住他们烧头发的,往往是自称"屌丝"①的人。"自黑"者,似乎可以很轻易地转身去"黑"比自己更弱的群体。"黑"和"自黑",都是对场景的反应。

再次,场景重要,是因为认得陌生人、安生式的思考是一个不断反复的过程,它需要在"生活流"里重复发生,需要一个观察和思考的场景。比如刘悦来的城市花园有效果,很大程度上是因为种花塑造出了一种场景。种花让人注意细节,带来小小的愉悦和惊喜,给彼此不熟悉的人带来自然的交流话题。这个场景,不仅仅是花园这个物理空间,更是靠行动建构出来的。当你播了种、浇了水,你期盼看到自己的投入带来的结果,也会注意到别人的努力,看到整个周边。在这样的投入之后,原来只是觉得下雨很烦躁,现在看见下雨你会为天下的植物欣喜,雨的意味也不一样了。当然,种花种草建设社区花园,并不是为了去了解陌生人;但是通过把陌生人带到一起,社区花园制造了一个各种新关系可以生长、人可以形成新的生活感知的场景。场景是目的,不是手段。场景都是日常生活的构成单位。制造出这样那样的场景,我们也就在重塑生活。

---

① "屌丝"一词最早是 2011 年百度贴吧中"雷霆三巨头吧"对"李毅吧"球迷的恶搞称谓,有嘲讽之意,但却被李毅吧的球迷就此领受下来。"屌丝"二字蕴含着无奈和自嘲的意味,但是李毅吧球迷"不以为耻、反以为荣",从此以"屌丝"自称,该词开始一路爆红网络。2015 年,教育部将此词认定为网络低俗语言。

我希望"你好，陌生人"这组对话也提供一个思考的场景。多样而交叉的视角，特别是有来有往的对话，构成一个空间，就像一个房间一样，你可以走进去，仰头侧面，抬手举足，会看到、触摸到不同的想法。在这里，你觉得可以待上一会儿，可以沉浸地思考。当你走出这个房间的时候，脑子不一定有了"一、二、三"的决议，但是世界可能看起来有了一点点不一样。

我们把这一组对话以书的形式展示出来，也是希望把这个思考的场景变得更具纵深。文字不如音像那样给人直接的震撼，但是会让人们有更强的滞留感，让人停顿。文字的凝重会激起更深层次的感觉，同时读者有更大的自由以自己的速度去回应。文字的相对清晰和稳定，意味着读者可以更从容地去回视、去质问。但是滞留不是羁绊，不是分叉。滞留要产生栖息感和安定感，使思考可以"抓住"经验，有在真实世界里"生根"的感觉。所以它需要相对明确的核心和线索，以在重要的问题上达到足够的浓度。本着这样对"滞留"的追求，我们对谈话记录做了大量的修改，特别是第六章，让文字更清晰、凝练，同时也调整了部分内容的前后顺序，使逻辑更流畅，重点更明确。读者可以在音像里看到跳跃的火花，我希望他们在文字里看到可以潜身其中的流水。

思考的场景离不开共同思考。一个孤立的个体在面对整个世界时，是很难找到场景的感觉，进行安生式的思考的。我们的对话从开始策划、执行、播放、和听众的互动到文字整理和修改，完全是一个团队工作，而且是劳动密集型的团队工作。虽然看起来我起了一个贯穿前后的作用，但这只是在前台看到的效果。如果没有多人在场景纵深处的投入和合作，这个前台的效果就不可能存在。除了五位嘉宾和贾冬婷、段志鹏，我还要感谢叶子、袁潇雪、赵翠、罗丹妮以及三联的其他同事。冬婷的文章对此会有更好的交代。最后，"你好，陌生人"的对话也是我和我在德国马普所的同事共同焦虑（common concerns）、共同研究（co-research）的尝试的一部分[1]。我希望，像这样由学界、媒体、艺术和社会行动者合作，扎根于生活、面向大众的尝试，可以帮助你我安生位育，也对国际的社会思想做出贡献。

---

[1] 参见 Biao Xiang, Zdeněk Uherek, and Adam Horálek, '"We Want to Start with What People Are Worried About in Their Own Lives": Toward an Anthropology of "Common Concerns"', *Journal for Cultural and Social Anthropology*, no. 1–2 (2022): 97–108。

第一章

看人不是看相，看的是内在的生活感

项飙对话艺术家刘小东

项飙：

对于今天的生活、年轻人的生活，我们同时面临着意义过剩和意义缺失。那种大的，判断性的、象征化的、下断语的、口号式的、抽象的意义极度过剩。那种展开的，在平常中看见有趣、在重复中看到好奇、不断地去发问让你觉得越来越热爱这件事情的意义，又是缺失的。

刘小东：

生活是所有创作的资源。作为一个实践者、一个画者、一个写作者，很有质感地见识这个世界非常重要。除了有常识，你还得有见识。见的世界多，见的人多，你就会不露怯，就会达观一点，就能和更多的人产生情感上的共振，会更酷一点。

与项飙共同开启"你好,陌生人"第一场对话的,是艺术家刘小东。刘小东的画是描绘现实的,可以说"现场"是他的关键词。我们从他的肖像画作里,看到的不仅仅是个体,还有群像。而且在人像背后,还能够观察到很多复杂的社会现场。

大约是从 2000 年起,刘小东开始了一系列走出画室、走到社会现场的行动。边行走,边记录,边创作。在走到各种陌生现场的过程中,他还有两次回顾意味的创作。一次是在 2010 年左右创作"金城小子"系列作品。他回到家乡辽宁金城,创作的对象是一起长大的发小,他记录了他们这么多年的变化。另外一次,是 2022 年创作"你的朋友"。这也是一次回望,对家人,也是对共同成长的朋友们的回望。

这样一位艺术家,与本书要探讨的"陌生人"主题有非常紧密的关联,因为他天然地有观看的能力。另外,他在肖像创作中,怎么去看人,怎么通过对人的身体观看去呈现社会现实,也是我们所好奇的。

"生活"跟"活着"不一样

项飙 _ 我们这一系列对话,主要是我和艺术界、新闻界,还有设计界的朋友们的聊天。我们会从专业出发,但聊天的内容不仅仅是专业性的。关键的目的是探讨生活,我觉得"生活"这个议题现在太重要了。

第一，生活跟活着不一样。生活意味着你有意识地、相对自主地活着，你有一定的选择。这里头是有一些喘息空间的，你不是被裹挟到一个机器里面，咕噜咕噜在那里转。有空间，就意味着你要观察，要有意识地把目光投射到周边去。但是今天很多年轻人是假装在生活，只是简单地活着，非常累地活着。

如何去构造一种生活着的状态？其实这不是自然而然就能达到的状态，而是需要付出一定努力的。

第二，今天的社会舆论观点存在各种各样的撕裂、焦灼和思路混沌。出现这种现象的很重要的一个原因，就是我们缺乏生活。我们的思考、情感上的波动，都不是通过对日常经验认真地观察反思而形成的。很多情绪的表达和理念都是直接由外部环境灌输给我们的，我们被它推着走。所以如果丧失了生活感，丧失了对周边、对自己经验的观察和体会，就丧失了有机的、扎实的思考。

历史经验证明，最危险的时刻就是这样的时刻。民众没有相对自主的生活感，看不到生活里面具体的矛盾，然后就会被巨大的恐惧焦虑所笼罩。

怎样去构造生活的状态，怎样形成有生活感的思考？这是需要人能动地去建设的，要有意识地去做，也是需要方法的。我现在经常提"社会修复"，把这种撕裂的社会机体修复起来，是至关重要的。

有了一定的方法，然后你会形成相对清晰的、着地的，而不是飘在空中的、抽象的一系列理论。这件事情应该怎么办？从个体角度怎么办？你的邻居、小区应该怎么办？为了这件事情在小集体中能够做成，大的集体应该怎么办？这样思考下来，就不容易走偏。最怕的是没有这一套方法，只是被一个抽象的观念、口号所裹挟，糊里糊涂地一会儿这样，一会儿那样，甚至180度大反转。

这也就很自然地解释了我为什么要请小东老师：他是生活在生活里的人。

刚才讲到，很多人活着，但其实没有生活。也不是说他真的死了，而是他可能"活在高空中"，或者"活在地下20米"，岁月静好，通过不直面现实来想象一个美好的现实。这两种人都以一种去生活化的方式存在，我们不知道怎么跟这样的人对话。

但小东老师的画作对我触动很大，他每一次讲或者写的东西，都有一种特殊的魅力。他写的东西都非常直白，都是直接记事，即使是感受也不是抒情的，而我理解的抒情是要把情绪相对地凝固下来，然后再把它舒展开来。他不是这样，他是把情绪和行动放在一起的。他的记录非常直白，但是我觉得他的每一个字、每一句话都让人感到是有重量的，有质感的。这是什么原因，我们得问他。

我感觉他是一个生活感很强的人。生活感很强的人，各种各样的思考是去理论化的。总的来讲，小东的作品、他的想法，甚至他这个人就是一座富矿，是一个教我们怎么生活的能量来源。

在这一系列对话中，会有不同年龄、不同背景、不同专业的人参与进来。但我总的想法是把"我们如何生活"这个话题讲出来。

为什么把"陌生人"作为切入点？是因为生活是一个很大的范畴。当然，从社会学角度看，这也是一个常规性的切入点，因为现代社会很重要的特征，就是我们的生活越来越依赖于陌生人。

陌生人，不仅仅是外人。在传统社会里面，你也有很多不认识的人。比方在农村，有一些到了秋天就会来打麦的麦工，或者是一些换铜铁皮的商户，但这些人跟陌生人不太一样。根据德国社会学家格奥尔格·齐美尔的解释，陌生人是指这些外来的人，今天来了明天不走，他变成你生活里固定的一部分，但是他又不融入你的生活。他与你建立经济交往意义上的功能性关系，你做一些事情要依靠他，但是你们没有建立一种实质性的、精神上的、社会性的联系。这样的人，在我们的生活里越来越多。

在中国的城市社会中，陌生人这个角色尤其重要。原因很多，比如我们居住密度的变化、小区管理方式的变化等等。中国城市居民生活追求的目标是舒服、快捷、方便。怎么才能舒服、快捷、方便？只有通过把大量的事情交给别人做，通过商业关系、物业外包等来实现。外包就会带来一大批陌生人，比如清扫人员、保安人员、快递人员……对于这些人，你不知道他们叫什么，他们在想什么。你不知道这些，其实你也压根不感兴趣，因为他们的存在就是为了你的方便，所以他们的存在应该越被程序化、越是短期的、越是即刻的、越是非人化的就越好。我们目前就是生活在这样一个场景里面。

所以我就在想，我们可以怎样从"陌生人"这个角度，邀请年轻朋友们一起思考如何开始看见陌生人，观察陌生人。也不一定跟陌生人成为朋友，但是至少把他们作为重构自己生活的一个起点。这就是我们选择"陌生人"作为对话切入点的原因。

贾冬婷_ 项飙老师讲到一个非常重要的概念——"生活感"。从媒体的观察也可以看到，我们现在生活本身越来越便利了，比如各种技术的便利、虚拟空间的建设。面对这种便利，我们更多的是去适应，一般不会主动去做改变，这像一个温水煮青蛙的过程。

所以我也很好奇，小东老师是怎么有意识地走出温水，保持对生活、对陌生人的痛感的？

刘小东_ 这个话题说起来蛮丰富的。就像项飙老师说的，其实陌生人也是一个社会学的标本。由于职业的关系，我确实接触了太多的陌生人，不仅有中国的，包括汉族、少数民族，还有国外的、非主流民族的。尤其在我并不熟悉的文化历史背景下，如何与其中的陌生人打交道，这对我来说也是个问题。我偶尔也会遇到激烈的冲突，但大部分都能够化解。

如何化解和陌生人的冲突？其实就一条：以心交心，平等相待。平等的概念，对于任何民族、任何种族来说，在任何不论是边缘还是中心的地方，都很容易被人理解。这一条其实也影响了我绘画的最基本的方式，比如我画画，如果对方是站着的，那我也永远是站着画的，我觉得只有如此，双方才是平视、平等的。

我可以举几个例子。有一次，我回家乡金城画画，邀请了台湾地区的侯孝贤团队进行拍摄。这个团队非常可爱，他们每天天不亮就起来拍摄，到了晚上，金城这些小伙子熬到几点，他们就跟着熬到几点。他们说说笑笑的，没有任何脾气，也不讲究吃穿，没事时还跟街坊邻居一起喝点小酒，用行动感染了金城这个封闭小区里的人群。①

这部片子最终获得了金马奖。发表获奖感言时，我就说，这部片子让台湾同胞看到了一个真正的东北封闭小区里的人的生活，同时，也让封闭小区的朋友看到了另一种文明。

这是通过平等交流实现的艺术带给人的一次美好记忆。我相信这个记忆会传递给他们的后代，虽然是在很小的范围内。

还有一个关于陌生人的例子。2020 年我到美国得克萨斯州去画画，正赶上疫情在中国暴发，迅速地，美国也暴发了疫情。当时我正在画一个老警察和他的家庭，还有他的警察朋友。

那时舆情对中国很不友好，但我哪儿都去不了。这个警察会每

---

① 此处是讲刘小东和侯孝贤合作的台湾金马奖获奖影片《金城小子》拍摄的幕后故事。此影片的主人公就是刘小东。1980 年刘小东 17 岁时离开老家金城去北京读书，然后一直在北京生活、工作。一直以来，每逢春节，刘小东还是会回金城，和几个小时候的朋友吃喝玩乐。他们仍然生活在这里，有的依然在小城里的工厂当工人，有的已经下岗。金城是东北的一个工业小镇，以造纸厂为中心，生活着几千名工人和他们的家属以及附近的农民。1950 年代，这里的工厂宏伟高大，几十米的烟囱浓烟滚滚，汽笛声响，上下班的工人人潮汹涌，家属们就住在附近的低矮平房里。当时的平房是成片的，北边的一片叫北宅，东边的叫东宅，南边的叫南宅。几片住宅间有农田、河沟相隔，这里曾经是刘小东和他的伙伴调皮捣蛋的乐园。慢慢地，住宅间的农田河沟被楼房填满了，国企转制，工厂再也不热闹了，厂房几乎被新盖的楼房淹没。城市化进程使刘小东坐火车时看到的田野越来越少，一片一片楼房相连，小时候的朋友也都变胖了。1980 年，为了考美术院校，刘小东画过他们；30 年之后的 2010 年，刘小东再一次画了他们。以上就是刘小东回家乡画画这个故事的背景，侯孝贤团队以此为题材拍摄了《金城小子》纪录片。——编者注（参考《金城小子》豆瓣内容简介）

天关注新闻，但也不跟我提这些事，他的家人和朋友也照样每天跟我喝啤酒、拥抱，就像没有疫情一样。

等我画完画，我才问老警察："现在中国正值很艰难的时期，为什么这一个月，疫情这么紧张，你还敢跟我拥抱？我来自中国。"他回答得很简单："国家是国家，人是人。'人和人'与'国家和国家'是两回事儿，在这里，你我很友好。"

这种陌生人的往来，真的会触动你，会打开你的想象力，也使你变得宽容。尽管有的时候也会有激烈的、难以回避的冲突。

关于如何和陌生人相处，我举这两个例子。希望项飙老师从社会学角度，也可以理解我作为个体如何去和陌生的世界打交道。

诚恳就是不停地矫正自己

项飙 _ 我倒没有小东老师那么丰富的经历。当然我也做过很多调查，经常跟陌生人见面。我们的专业——人类学，它的整个学科基础就是去陌生文化里面，把自己打开，把自己拆散，换个角度想象对方怎么看你。我们是吃这碗饭的。

在我的生活里面，经常会有一些让我感动的片段。这些片段是很重要的，因为生活就是由片段构造出来的。我也很希望年轻的朋友们珍视各个片段。大的意义的论述，如果没有这些片段支撑，是比较危险的。

听了小东讲的，我想先问一个问题。像那个美国警察说的，国家是国家，人是人，我想大部分人都会同意。很多时候，我们认识世界，都是通过一个一个范畴：国家、民族、男的、女的、穷人、富人……然后你看某个人的时候，你不把他当"人"看。我们第一眼看上去，首先是把他归为一个范畴下的符号，不把他当作个人看，这是一种常规思维。

在我看来，小东你画的都是个体，但你画的个体又是群体感很强的。第一眼就觉得这是一批人，这个人有趣，让人感动，但又不是具有特别强的个体特征。当然，社会本来就是这样，也正是因为他的群体性，让个体很容易被认得。观众看到你的画，就觉得在生活里面见过这个人，好像多少年前在哪里见过，会勾起自己的回忆。被勾起回忆这件事，肯定是跟一定的范畴有关的，是一个群体。

所以，我特别想知道，你在画画的时候，在你的创作和思考中，这是一个矛盾吗？或者换句话说，你看到一个具体的人的时候，你是怎么看他的？你是在他里面看他吗？

我估计你的"看"和"画"是一个同时发生的过程，或者你在画之前就看了他很长时间。你怎么样去把握他对你来说最有趣的那个东西？这个东西在多大程度上是一种群体性特征？也就是说，理论上这蕴含着群体、个体和具体之间的关系。在创作过程当中，你怎么看一个陌生人？

刘小东 _ 其实每次去一个地方画画，都有很大的局限。时间成本不允许你在一个地方毫无目的地生活半年还不知道画什么。在有限的范围内，画谁不画谁，你要尽快地做出决定，这种决定其实是通过比较得来的。比如说两个学者，画项飙还是画尹吉男[①]，我马上就得判断，不能俩人都画。因为要画两个人的话，我一定是画一个思想者，另一个可能是一个富人或者穷人，不能只画一类人。我尽量在短时间内画几类人，这样的画才具有社会性。画谁不画谁，也都是通过比较决定的。

比如说我画美国警察，其实是因为我找不到更合适的了。我先去的一个墨西哥离异家庭，想画这家的妈妈和她的孩子，事前也已经联系好了。结果，晚上她的前夫突然来了，大吵大闹地对我发泄一通。我当即走了，如果当时不走，这个家庭的复杂性也会毁掉这个项目。回去以后，正好是这个警察热情地接待我。"嘿，"我说，"换你们家吧。"其实原因很简单。但这个变化是很大的，画的对象就从一个普通家庭变成了警察家庭。生活教会你要迅速做出转变，否则你没法继续生活。

那么一画警察，就会想到警察是什么样子，是哪一类人。但是这个警察就特别像邻居大叔，特憨厚，肚子好大，跟谁都打招呼。通过画他，我也了解到美国的警察系统。他当上警察的头儿不是上面任命的，是由当地居民一票一票投出来的。他在生活里就是个老好人，跟谁家都熟，去哪个饭馆大家都认识。

所以在这一类人里，你会发现这个人跟其他人是有区别的。他既是这类人，又有一种独特的性情上或者形象上的魅力，于是我就

[①] 尹吉男，中央美院人文学院院长，中国美术史教授，著名艺术史学者。——编者注

决定画他。

项飙 _ 你刚才讲到一个点,我觉得很有意思。你说要不断地去比较不同类型的人,然后从这里看出生活的一些规律或者真谛。那么,你以前画了大量的真的陌生人,像民工或者你在国外遇到的那些人。但你的画展"你的朋友"里的作品其实画的是老朋友。在画老朋友的过程当中,可能会有一种新的发现。从老朋友里面又看出陌生的东西,这可能是比较有趣的。

所以画纯粹的陌生人和画非常熟悉的人,在画的过程当中感受有什么不一样?从这里又可以引发出我们看人的什么建议?

刘小东 _ 画陌生人,我可能更愿意在他们身上找到我熟悉的那部分,这样至少我容易进入他的生活,下笔更坚定。

项飙 _ 比如说什么样的熟悉的因素呢?

刘小东 _ 比如说一大群军人,都是一个模子,从这里面找什么样的人画?我从他们的后面到前面走一圈,看一眼,就决定画哪几个人。在这个过程中,其实我在迅速搜索我所熟悉的几类人。比如说一看长相,这人特倔,那人特鸡贼,这人特善良,那人特憨厚……在我们熟悉的生活里,这些随时可以见到,过去的朋友、家里人、工作中打交道的人等等。

那么要画熟悉的人，就有点像看一个汉字。我们不停地看，看多了就感觉不认识这个字了。熟人也是，他坐在我面前，当我想画他的时候，我几乎不认识他。因为他可能还停留在我记忆里，是过去那个样子。画我的妈妈、我的哥哥，画我自己天天喝酒的朋友时，在印象里他们没有变化或者变化很小，就老一点，可是一下笔，哎哟！怎么不是这个样子了，全是陌生的。

于是熟悉的人，突然变得陌生。我要找到特别像他的一点，既像他的过去，又像他的现在，就变得艰难。我不能允许自己画得不像。虽然我不是死抠某种技巧的人，但是抓取神采，这种精神上的"像"，对我非常重要。我会再调整自己，从心理上、用笔上，慢慢地调整。调整过来以后，这幅画就变得更诚恳了，它是不断地相互矫正形成的结果。

项飙 _ 诚恳的意思，就是你不断地使自己惊讶，不断地把自己打开，不断地去调整自己原来的想法，这个过程让你感到一种诚恳，是这样吗？

刘小东 _ 诚恳就是不油滑。

比如说我画我老婆，从青春画到现在，画过好多遍。我现在画她的时候，原以为对她很熟悉，可能就会用跟过去一样的画法，突然发现行不通，她变了。再仔细观察她的时候，我发现她的神情、五官、肌肉，所有东西其实都跟过去不一样了。我要跟着现在这个她走，就需要把过去形成的惯性打破。而且可能最初我觉得一笔就能画出来，可是当真正认真阅读这张脸的时候，我发现一笔是画不像的，于是我用很多笔去找。

项飙＿ 对，这很有意思。诚恳，其实就是一种努力。诚恳就意味着有一种艰难在里头。

刘小东＿ 我觉得诚恳就是不停地矫正自己。原以为自己完全能把握这件事情，却忽然抓瞎了，然后真的把它找回来，在这个败局里头把它找回来。我觉得这是我在画熟悉的人的过程中学到的，什么叫诚恳，我学到了一点点态度。

项飙＿ 对，这跟我们思考做研究一样。你有个大致判断，拿一些理论去套，是很容易的。但是那种诚恳的感觉一出来，就会觉得有很大的矛盾，有自己对自己说不通的地方。你的思路不能够顺畅地下来，这个时候的挣扎、痛苦、烦恼，我觉得是一种很正面的情绪。正因为它，我们唤起了诚恳感，这可能是生活里面一个很重要的因素。

引申出去，我们现在的生活太方便了，而方便是去诚恳化的。方便是你不需要做各种努力，那么方便到最后也会导致野蛮。一切东西都不用交流，不需要对自己矫正就可以达成，就成了野蛮。

小东，我还有一个问题，希望不会太冒犯。我看你画陌生人的画，我的感动是比较深的。但是说老实话，看你画比较熟悉的人，我的触动相对较小。可能的一个原因，就是你身边人的生活处境没有像民工或者三峡那些青少年那样，跟你我的生活差距那么大。听了我这个感受，你会比较惊讶吗？

刘小东 _ 我的绘画，一部分画熟悉的人，一部分画陌生人。我惯常听到的评价，就是看我画熟悉的事物会更加共情，可是你的看法恰恰相反，画陌生人的那部分让你更加共情。对我来说，这是挺有意思的一个想法。

那些陌生人，可能是你做社会学研究需要关注的一批人，或者你曾经深入过这批人的生活，这些人的很多生活方式刺痛过你，于是你看到这样的绘画可能有同感。如果咱俩都是社会学者的话，可能我们触碰别人生活的角度是接近的。

可是，我熟悉的人呢？我是个北方人，我的妈妈是个东北老太太，你的妈妈是个南方老太太，她俩可能不太像。你的哥哥可能是一个学者，那我的哥哥就是一个天天想拿退休金、多挣点钱的老百姓。你看这画的时候，可能首先被这一幕吸引：这是他哥，这是他妈，这是他的朋友，社会属性上可能会隔着一层。因为他们确实不是典型的底层人，或者典型的新兴阶层，他们是再普通不过、完全被忽视、最没有研究价值的一群人。

贾冬婷 _ 小东老师有个展览的题目叫"你的朋友"，是不是想从这里面传递一种共情，这些人不只是我的朋友、我熟悉的人，而是希望观众带入他们的生活、他们周围的朋友？

刘小东 _ 实际上，题目的来源是我的伙伴张元的口头禅。我们在拍摄时聊天，他经常说"你的朋友"谁谁谁。其实那人根本不是我的朋友，是我刚刚认识甚至不认识的人。他老爱说这句口头禅，我觉得很有趣、很灵动，就借过来用了。

可能我有多思的那一面，我觉得这个社会恶的东西太多了，人和人之间的障碍太多了。所以我老想"其实都是你的朋友，不要这么为难别人"。这是一种痛心疾首的呐喊，只是我用了非常轻松的、聊天式的语言。这个题目非常大，我想了非常久。我有系列作品叫"你的城市""你的山水"。其实"你的朋友"是作为个体对社会的呐喊。无论是政策的制定者、政策的执行者，还是我们普通的人，都要与人为善，给别人一点便利，所以叫"你的朋友"。

分类的目的，在于看见具体的人

贾冬婷 _ 刚才小东老师提到他的画作，对人群进行归类，这可能也是他的一个非常重要的方法。

我也对项飙老师提一个问题。对人进行选择、归类可能也是社会学需要做的一项工作。小东老师那边呈现的是这个画面以及画面背后的多元性、复杂性。那么从社会学角度看，归类的方法、对人的选择,以及跟人打交道的方式,是不是有什么相同或者相异的地方?

项飙＿ 社会学的一个功能就是给大家画地图,画的是社会地图。1980 年代社会学刚刚在中国兴起的时候,一个最流行的课题就是社会分层研究。有人说社会分八层,有人说分六层,也有人说分五层半。我的老师、当年北大社会学系的孙立平老师的一个说法就是,改革最大的变化就是两层变三层。① 他去外面吃饭,比较喜欢吃梅菜扣肉,后来大家都说,老孙讲两层变三层是因为三层肉比较好吃。

但今天我觉得很重要的,无论是在我自己的学术研究中,还是在生活中都需要参考着去做的,就是不从分类开始。你先看具体的人,他怎么想,他怎么感触,他为什么这么做。他是这样的,那你为什么当时没那么想,或者其他人为什么没那么想?要从这个角度去解释问题,一定的分类、差别、比较就会变得很有效了。

所以,分类本身不应该是一个目的。而在学院派的研究里,分类经常是一个目的。这些研究给你画地图,拿到地图就好像一览无余了。但是我经常说,地图不是景观。有地图可以有一个总体的印象,但你怎样感受到一个城市的味道?可能一个画家、一个摄影师,就会选择一个街角的某个微观视角,把那个味道给你勾出来。

我们现在也应该这么去做。你先看非常具体的人,把那个人

---

① 孙立平认为,中国社会在改革开放之前是由国家和民众这两层组成,改革开放后出现了以个体户、自由职业者为代表的中间层。

的感受搞清楚。然后你再通过分类的思考方式，把地图作为一个工具，给他定个坐标，更重要的是丰富你对他的理解，这种感触多大程度上是由他个体的生活经历导致的，多大程度上是反映了一种普遍的情况。那种标准化的分类方法没有什么太大意义，分类本身应该来自你自己对生活的观察。

比方说刚才小东讲到有的人很憨，有的人很鸡贼，这是个非常重要的分类方法。但这个分类方法完全是靠生活经验的，主观性的。穷、富这样的分类就相对能够客观一些。所以总的来说，分类比较重要，但分类的主要目的还是在于丰富你对具体个人的理解，而不是把整个社会，把一片森林、一个景观平面化，搞成一张一览无余的地图。

看身体，看一个生活积淀出来的人

贾冬婷 _ 两位一直在讨论与陌生人相关的问题，我们再回到观看的方法上来，比如说看什么、怎么看。首先想问小东老师，作为艺术家，你觉得身体和脸部可以传递什么不同信息？为什么身体那么重要？身体传递的信息可能比脸传递的还要丰富，是吗？

刘小东 _ 是的。因为身体完全是一个非常明确的、外在的、可以判断的东西。一个人什么样，其实通过体形是能够判断的。

当然这说起来有点像算命，算命看手相，我要算命的话看体形。比如一个自律的人,他的体形就会反映出这种自律;一个不管明天死活的人,他的身体也会有非常大的变化;一个稍稍驼背的人,应该是一个比较含蓄的人;整天走路腰板倍儿直的人,可能是一个直率健康的人……一个人的心理活动多了以后,就全部会长到体形里去,当然也会长到脸上。

(在一定程度上)脸可以伪装,身体是很难伪装的。我不高兴的时候也可以笑,我要是演得好一点,你从我的笑里看不出来我是高兴还是不高兴。

但你的体形,你的行为举止,你吃饭的样子,你在一个聚会上与别人聊天时的肢体语言,其实非常准确。所以我画画基本都是从体形着手,不是从眼神着手。一形一态,都很重要。

贾冬婷_ 在我的印象中,你形容阿城老师的身体像一个惊叹号,是吧?这种艺术家的直觉描述很准确。

刘小东_ 因为他老抽烟,他长得其实像两支香烟。

贾冬婷_ 弯弯的、快灭掉的,是吧?

刘小东_ 对,他老琢磨事,把"烟"也琢磨得有点软塌塌的。他不是拿着一支那种很新鲜的烟在那儿抽。一支烟在他手里转来转去、抽来抽去的,所以他就活成了那个样子的体形。

贾冬婷 _ 项飙老师做人类学田野调查的时候，肯定也有第一眼看人看相的这种直觉吧？

项飙 _ 对，因为我们在一个点上做调查，花的时间都很长。和小东看人相比，我们的路径很不一样。

小东讲到因为有时间限制，所以要比较快地做一个直观上的判断，画谁不画谁。我们的关键是要想怎么样建立关系，这样的关系可能能够维持一年。跟谁建立关系，很多时候是随机的。到一个村里面，不管碰上谁，我们都要建立好关系。当然你要知道，他如果是干部，或者说是在那里比较有权威的人，这就更重要了。所以我们的很多力气花在建立关系上，这是我和小东的第一个不一样。

第二个不一样的是，我们在建立关系的时候，跟推销也差不多。你得琢磨他怎么想，你讲话不能够冒犯他，要"投机"。所以你得看眼神，看他怎么样反应，等等。这跟小东讲的看身体就很不一样。这是一个对我蛮有启发的说法。小东说他看身体，其实他是看一个生活积淀出来的人。他不是看当时当刻的那个人，他要看的是一个有很强的历史感的、有生活经验积淀的、具有一定稳定性的那个人。所以他画的是"人"，他画的不是一个"像"。

小东，我觉得现在能更深刻地理解你的画的力量，是因为你画的确实是那个人。他在那一刻究竟在想什么，我们不知道。但是你看他，你就知道过去三四十年甚至五六十年积淀出来的人是那个样子。

所以我有一个问题，你在画人的时候，你脑子里会琢磨吗？会有一些话语在你脑子里浮现吗，比如说这个人应该是什么样的？还是说你脑子里基本上是一种空白的、开放的状态，把猜想悬置，只是一味地观察他的体形？

刘小东 _ 画画的过程，其实是一个很紧张的过程。在这个过程中，所有的问题都会涌到你脑子里来。但是，你又要很迅速地画下来，不能因为想而不动，时间是飞速流逝的。所以在这个节骨眼上，如果对这个人能够更了解，你就能够更加果断地把这个人的精神状态迅速地勾勒出来。如果对他缺少明确的判断，你也会非常犹豫，变得难以往下进行。

我了解一个人，不像你们做社会调查，要通过交谈，我恰恰要回避交谈。我只是跟他们在一起说些客气话，然后就开始工作了。因为我觉得一旦交谈，就会打破我对他的第一印象，我勇敢的那部分会变得犹豫。比如说，这人给我的第一印象是个生愣愣的小伙子，我把他画出来，画完觉得很棒。可是如果画到一半的时候，我停下画笔跟他交流，我突然发现他是很软弱的，根本不是一个生愣愣的小伙子，这幅画我就画不下去了。

所以我画画的时候，不太用语言交流。我完全是站在非常主观的立场上，我觉得他是这样的人，我就这么画，我不想了解更多。

项飙 _ 但你这种看人的方式，会影响到你在日常生活中跟身边人的交流吗？或者这完全是两回事？

刘小东＿绘画以外，这种方式当然能够帮助我的日常交流。通过观察形象，我会决定跟他交往到哪种程度为止：用什么样的语言和行为，使他和我产生距离，不至于影响我的生活；或者怎么使他和我更加接近，变成最好的朋友。

第一步肯定都是以貌取人。

项飙＿哈哈，我觉得非常有意思，这对你、对我、对年轻朋友都会有启发。

我们说"你好，陌生人"，提"附近"，不是说要建立一个小桃花源，好像里面都是君子淑女。"附近"里面有很多让你烦的事和人，但是你要学会怎么样跟这些打交道，你必须面对他们的存在。当然你也会开始反思："我为什么觉得他烦？"开始反思的同时，也可以把自己打开。

所以刚才小东你说的，怎么样开始以貌取人，然后怎么样去进行一系列的跟进，这就是生活很重要的一部分。

酷，就是敢于下判断，而且下的判断非常准确

贾冬婷＿我们看小东老师作画现场的记录，其实那是一个纷繁混乱的场景。最后的画作里，实际上也加入了很多元素，不只是前景，不只是主角，还有很多背景，一些相关的人或物可能都被拉到画面里来。

作画现场，包括纪录片的导演，以及小东老师自己，都成为一个被人观看的对象。这样一种场景设置，是出于什么考虑？是互相之间的激发，还是一个更复杂现场的捕捉？

刘小东 _ 现场永远不会跟随你一只手的指挥，现场的变动几乎是没法控制的。所以我就要学会根据现场的变化，来改变自己。

说到复杂，比如在创作过程里如何表达复杂？按我的经验，当你进入创作状态的时候，你的神经末梢都是打开的。你不进入创作状态的时候，这根神经是封闭的。我老觉着，在生活中不进入创作状态的时候，我们就会对一切熟视无睹，吃就是吃，喝就是喝。但是如果我们进入创作状态，吃就不是吃，喝就不是喝，我们会游离在吃喝之外、三尺以外的空间里头，看到更复杂的景观。于是我的创作欲就来了，我就打开了我的神经末梢，这里的一切都被赋予了意义。这个意义是主观的，是我打开神经末梢的一个结果。

这就像写日记，我不倡导天天写日记，因为你会琢磨得越来越细，越来越"邪门歪道"。但我建议你每个礼拜写一次，或者每个月写一次。这样的话，你没有忘记创作欲，就等于在随波逐流的生活里偶尔进行一点思索。但是如果你每天都很费心思地跟人家吃饭喝酒打交道，你也会变得招人烦，好像别人都是你的素材。

所以我们要学会在随波逐流的生活里偶尔停顿一下，打开我们自己的创作欲，记录别人的生活，观察别人生活以外的复杂性。我觉得这有助于我的创作，也不至于使我变成一个非常自私的创作者。其他时候我也会变成生活中随波逐流的人，也会偷懒、讲笑话等等。

生活是所有创作的资源。作为一个实践者、一个画者、一个写作者，很有质感地见识这个世界非常重要。除了有常识，你还得有见识。见的世界多，见的人多，你就会不露怯，就会达观一点，就能和更多的人产生情感上的共振，会更酷一点。

年轻人讲"酷"，我觉得这个词很重要。酷就是有见识的酷，你没见识，你的酷就是傻。所以，一个实践者要有两手准备，一是多跟有知识的人打交道，二是要酷一点，要多认识这个世界。

项飙 _ 能再定义一下"酷"吗？是说有主见，但是不轻易下判断？

刘小东 _ 酷，就是说他敢于下判断，而且下的判断非常准确。判断准确是酷，因为他了解。我们搞音乐的、搞绘画的、搞写作的，得知道，至少知道偏远山区是什么样子，纽约、伦敦是什么样子，什么样的人是真正的有钱人，什么样的人是真正有知识的人，这需要去生活中积累。所以，见识多了，做的决定就酷。酷，就是敢于舍掉很多东西，拎出一点最重要的。

项飙 _ 我觉得非常重要，"酷"是在既有知识的基础上做出一个决断。有舍弃，然后有专注，所以见识非常重要。我的理解是，"酷"也意味着，你做出的判断不仅是准确的，同时是有你自己的特色的。生活里面的很多判断，没有简单的对错之分，每个人都会做出自己的判断，所以酷的判断不仅是对对象的准确把握，也是对什么是适合你自己的判断，而且是有你自己的风格的。所以回到生活中，要想丰富自我，强大自我，做一个有特色的自我，那就要跟更多的陌生人打交道，你自己的酷的特色才会呈现出来。

刚才小东讲的很有启发性，都是有经典意义的，甚至今后可以成为文章的标题——《生活就是创作》。我们作为创作者，应该把自己变成别人生活创作中的资源，这样我们才能够融入到生活当中去。然后去思考生活，但是又不把生活变成一个思考的对象。思考为生活而存在，而不是生活为思考而存在。不经过思考的生活不值得生活，过度思考的生活就不是生活。这是有辩证关系的。

刘小东 _ 你的总结很有学理性，真有意思。比如刚才说"酷"，其实"酷"是很偏激的，很个人的，但是确实会让你眼前一亮。这个亮，可能就是一种感觉，他说出了你没说出的话，或者他做了一件你朦朦胧胧想过却没做的事。太酷了！他总是先人一步，这是一种非常个人的选择，但他又启发了别人，让别人茅塞顿开。

项飙 _ 酷，就像你说的眼前一亮，它揭示了生活里面存在的，我们也朦朦胧胧感觉到但是没有看到的东西。所以，必然要有互相的感应，才能产生"酷"的效果。如果完全没有生活基础，那就是怪，那就是异类。

生活样式下面,还有没有生活

贾冬婷_ 不同时代、不同代际,社会环境和成长环境的差异是很大的,面临不同的问题。当下的年轻人如果从一个小城市到大城市,这当中的转换可能不会像以前那么大,不仅是因为城乡差异减少,还因为技术、网络带来的平滑性对很多东西的改变是无意识的。

是不是可以请两位回顾一下各自的成长经历?你们在建立对个人与世界的认知的时候,社会环境是什么样的?可以给到当下年轻人什么建议?

刘小东_ 当然,回忆自己的过去是有的说的。但对今天的年轻人,我其实反倒不知道该怎么说。

我是老师,身边都是年轻人。可能跟出身有关,我年轻时,老觉得自己没年轻过。现在的年轻人真的很年轻,懂的比我们多得多,有见识,处理事情也有分寸。如果跟我们那时候比较的话,我稍稍担忧现在年轻人的心理焦虑无处排遣,这是一件挺大的事。

我年轻的时候,心里的焦虑是可以找朋友胡说八道的。社会生活成本低,上朋友家煮碗面条,再买瓶二锅头,买根香肠,把一个星期、一个月的心理垃圾就互相倾倒完了。可是现在,你要交朋友得看电影、去咖啡馆、去酒吧,我应酬起来都觉得贵,甭说年轻人了。

现在社会形态变了,交朋友的成本高了。这是我比较替今天的年轻人担心的地方。他们没有便宜的角落去交朋友,去互相倾诉。

而交朋友是最健康、最便宜、最让人成长的事情。

任何一代人的青春都是从焦虑过来的，不要有任何负担，要考虑的是如何疏导。我们如何建立一个经济实惠的社会交往场域，是社会学家或者社会政策制定者要深刻考虑的问题。我们不能够简单地判断，今天的抑郁症是因为情感脆弱，年轻人其实内心都蛮强大的。不向别人诉说，本身就是一个强大的表现。是否有更好的沟通场域，这应该是一个社会的硬件指标。

项飙_ 我个人的经历可能没有多大参考价值，因为每一个时段的年轻人面临的问题都不一样，这跟具体的社会环境有关。

出生在1995年之后或者2000年之后、在社交媒体上成长起来的年轻人，现在刚刚走向社会。这批年轻人可能面临三个矛盾。

第一个矛盾，是关于年轻人的生活场景。一方面他在学生时代完全处于一种真空状态，因为教育内卷、家庭保护，虽然他从社交媒体上看到的信息非常多，但是信息过窄，有信息茧房，他很少有在线下跟陌生人打交道、讨价还价、处理问题的经历。另一方面，他走向社会的阶段刚好是一个经济增速放缓、各种困难增多的时期，在心理上、生命感知上都会产生影响。他突然从一个受高度保护、对线下生活没有质感的温室生存状态，走到一个非常不稳定甚至撕裂的生活场景当中。这是一个矛盾。

第二个矛盾，是生活的样式下面没有生活。不仅是现在，可能近二三十年来都存在这样的问题。一方面是生活本身变成了一个很重要的内容，比方说没有便宜的交流场所和交友场所，为什么呢？因为生活本身成为一个赚钱的场所：交朋友要去咖啡厅，有咖啡、鸡尾酒，要有情调。然后你也变得非常敏感，什么样的音乐要配什么样的咖啡，等等。交朋友要打开 App，非常专业地用大数据给你匹配。生活本身又成为一个数据、技术、商家、资本要不断介入的场景。另外，年轻人还要面对父母对他人生规划的焦虑。于是，他就成为一个不断有人要进行投入、干预的对象。

另一方面，也是小东讲过的，那种自由展开的、随波逐流的生活很少。你得到一个高度程序化的、理所当然的、昂贵的生活样式，但是在这种生活样式下，你的生活经历是非常有限的。大数据告诉你去哪里交友，和谁交往，去哪个咖啡厅，穿什么衣服，说什么话……都是事先设计好了的。你对于跟原来想象的不一样的反感变得非常强烈，不可容忍。电商造就了一个很重要的文化，就是退货主义。不喜欢可以无理由退货，不用交流。在这个意义上，看似即刻的焦虑里有极强的自主性，但是放在一起就觉得生活是失控的状态，完全被程序、被商业所掌握。

所以这就有了上述两重矛盾，第一重矛盾就是生活场景突然从温室转到了战场，第二重是生活样式下面没有生活。

其实还有第三个矛盾。小东也讲道，年轻人现在的思考能力非常强，因为他们的信息来源非常多，情绪上非常敏感。在我看来，这是一个非常重要的资源，因为人之为人，应该是情感越来越丰富，思考能力越来越强的。但是矛盾的另外一面是，我们一直没有教会大家自己生活的方法，怎么在生活里面有智慧，怎么样去思考，怎么样去发展出更加敏感的观察力。我们知道，抑郁症的患病率大规模地上升，不是因为大家思考太多，情绪太多，而是没有好的方法去组织自己的思考，组织自己的情绪。

我其实没有更好的建议，现在比较直接的建议就跟小东说的一样，重新塑造一些低成本的、交友的场所，比方我们提倡的"附近"的建设等。另外，我觉得看书是非常重要的，一定要把那些非常片段化的思绪、带有很大情绪性的东西做一些沉淀，形成自己的世界观。现在我们有很多观点，但是没有自己的世界观，这样会造成大脑的思考非常零碎，甚至是撕裂的状态。

然后我希望我们这一系列对话，也能够在这些方面提供一些帮助，促进我们去找到在生活当中有效思考的一套具体操作方法：推荐读一些书，或者请小东老师给我们讲讲画画，整合自己的突发奇想，把以前的录像、日记做成一本书，组织一个小讨论会……用这些方式去更加深入地了解怎么样非常在地地用创作精神去生活。

线上是观点和观点的打架，线下是人与人的交流

贾冬婷 _ 项老师刚才讲的这个话题我们会不断地展开。我稍微岔开一下，因为我们刚才讨论的都是在线下或者生活中跟"附近"建立关系，而社交媒体，不管是熟人社会式的微信，还是陌生人广场式的微博、Ins，可能也是一个我们互相建立关联的场所。

我不知道两位怎么看这种交流？我记得小东老师也说过，在 Ins 上分享水彩画，可以不断地、及时地收到很多反馈。这个过程也是一种生活的调剂，那么它跟线下交流的差异性在哪里？

项飙_ 我只用微信，而且是非常有限地用一下，所以在这方面我没有直观的经验。

线上很多东西是包装式的，而且它会把事情变得非常情绪化，观点要非常强烈，要吸引眼球，还有各种各样的表情包参与进来。它会给你造成一种印象，好像整个世界是非常撕裂的，有大量极端的观点。而在线下交往的时候不可能遇到这种情况，因为你看到了那个人，他站在你面前，开始讲话，人与人的交流完全是另外一种状态。

线上不是人和人的交流，而是观点和观点的打架。

我觉得，把线上的工具用好，当然是重要的。但更重要的是回到"附近"，要说"你好，陌生人"，要看具体的人，看他的身体语言，等等，这是交流中非常重要的内容。

刘小东_ 我觉得线上交流真的很方便，太了不起了。但线上平台只是工具，你要是自己控制不好，反倒会让你的朋友圈缩小。慢慢地，它成了一个观点集中营，就像项老师说的，是观点和观点在一起。于是你的朋友、你的微信朋友圈的观点都变得跟你的一样，这其实是很小的世界，让你更加不包容。最重要的还是像项老师说的，在现实生活里有质感地和陌生人打交道，会让你变得更加乐观、豁达，更加有质感地生活下去。

项飙_ 小东，我还有个问题想问你。我觉得你的三峡组画中，民工有很强的孤独感。其中对我触动最大的画是《违章》，一群民工乐呵呵地坐在卡车车斗里，跟很多煤气罐在一块儿。很多民工都是集体性的，但是我从画面中感觉到一种孤独，每个个体是很孤独的。

我为什么对这个有感触？一方面，现在年轻人觉得孤独感是比较普遍的，另一方面我们总是觉得孤独是文青才有的，对社会底层年轻人的孤独感不太关注得到。我觉得这是你的画的一个很大的价值。通过画，你可以捕捉到他们的孤独，而且是一种比较特殊的孤独，不是割裂的、关在小屋子里面的孤独，而是和大家在一块儿，但内心还有一种脆弱感，好像一阵风吹来可能会倒，虽然知道他们会咬着牙坚持下来。

所以你在画的过程当中，对孤独这个问题有什么感受？

刘小东_ 说到孤独，这是一个真正有意义的题材。从任何角度来讲，孤独都酝酿着最伟大的思想、最强大的力量。我觉得，孤独甚至是基因带来的，它是有很强的宿命感的。从宇宙的角度来讲，人类当然很孤独，地球也只是宇宙的一个缩影。按照中国传统来讲，最高尚的人基本都是隐士，伯夷、叔齐、张良、诸葛亮……隐士经过孤独的历练，慢慢拥有强大的力量。一旦入世，就会对社会极其有贡献，出世也是一个人格的标杆。

所以孤独，真的是一个不应该回避的话题。按我的理解，人应该要非常积极地孤独，而不是被动地孤独。

文人、城里青年和底层劳动人民的孤独，的确是不一样的。孤独是非常主观的东西，你孤独，才能看到别人正在孤独；你不孤独，你永远不知道别人正在孤独，因为这是一个没法问的问题。

比如说在大街上，你突然看见一个人很孤单地站在那儿，然后你问他你孤独吗，他会吐你一身唾沫，也许他正在找厕所。孤独没法统计，但是它确实隐藏在我们每一个生命体里面，表达的方式也不同。我也是把我的孤独投射到了一个客观载体上，把我对孤独的理解投射到了普通人的身上。但我从来不问他们孤独吗，他们也从来不跟我说他们孤独。最近只有我妈妈说孤独，一打视频我妈就说"老了""好孤独""儿子赶快回来""想孩子"，以前是没有这些话的。一个老太太，文字都不会写的人，她会说"孤独"两个字，我想那是因为她真的很孤独。她太老了，连走出去享受阳光的能力都缺少，这种孤独是肉体上的、很具体的孤独，而读书人的孤独是精神上的。两种孤独都很难统计，但实实在在地存在于他们心中。

今天的生活，同时面临着意义过剩和意义缺失

贾冬婷＿项飙老师之前提出了"重建附近"，后来的"看见最初500米"工作坊，以及现在我们正在进行的"你好，陌生人"对话，

都是"附近"议题的延续。关于"发现附近""看见陌生人",是不是可以请两位给大家一些具体的实践方法?

项飙 ＿ 这真的就是一个意识问题。我可以给出一些具体的例子来展示一下。

比方说在地铁或者电梯里头,一般都有大量陌生人同时存在,但互相不说话。即便电梯里面都是邻居或者同事,但是大家好像就不愿意走出开始说话那一步。还有周边的理发店、早点铺,也都有大量的陌生人。

我刚才说的意识,就是你以自己的方式去看到他人。你可能是一个非常内向的人,不愿意跟人说话,我觉得这完全没有问题,你不一定要逼着自己去跟他们交朋友,千万不能这么做。你应该顺着自己的性格,去关注他们,比如可以试着用画画或者拍照等方式,当然是在征得同意的前提下。

其实拍照是一个非常有趣的过程。因为一拍照就会有很多互动,就会开始说话之类的。拍照、说、写,即使不写,你也可以猜。你试着给自己留一个小的功课:每天路过的时候多看他一眼。多看他一眼,你就看他今天是这样,明天是那样,然后你开始猜这个人大概是什么样的。在不跟他交流的情况下,你用猜的方式给他写个小传记。你写完了之后可以跟家里人的猜想进行对照,你为什么那么猜,我为什么那么猜。我保准你们猜的很多情况是不一样的,但是各有各的道理。

当然，最好是跟这些陌生人有一些直接交流。交流的目的是去了解他们，同时把自己打开。你可以试着去想象，如果换一个位置，你是他，你会是什么样？如果他是你，可能会是什么样？这都可以作为一种思维游戏来进行。

但是到最后，这是一个意识。你走到哪里，哪里都有陌生人。这些陌生人永远是可以观察的，都是有内容的，只要看见了他们，你就会有所发现。而具体的方法，应该完全根据自己的兴趣、性格和当时的条件来选择。

第二，我觉得还比较重要的一点是，不管多强或者多弱，要有一点社会关怀在里面。

我们推进这件事情，一方面是想让大家生活得更好、更有趣，另一方面也确实面临着比较大的问题，现在观点很撕裂，如果我们不去做这样的沟通，会很容易形成一种互相指责、互相抱怨的局面。大家如果带着这样的想法去做，可能会有更强的紧迫感，会做得更投入些。

刘小东＿我也没有什么具体的办法，我就觉得从个人感受来讲，和陌生人打招呼令人愉快。走在马路上，人和人对视的时候给一点笑容，或者"嘿，你好"，会让你愉悦。

和不认识的人打十次招呼，至少有六次是有友好回应的，还有四次人家不理解，但是你会快乐。有时候我们的眼神会碰上一个陌生人的眼神，不要回避，该微笑就微笑，如果对方也用微笑回报你一下，这是很小的快乐，但很美好。

项飙 _ 前面讲到生活作为创作，我个人的观点是，年轻人不应该放弃思考，而是应该去追求更好的思考方式。创作，其实是一个很有意思的思考方式，它是打开的，通过好奇，不断去有意识地品尝生活，而不是活着式生活，吃就是吃，喝就是喝。把生活作为一个创作，吃和喝就有了意义。

和创作不一样的给予生活意义的方式是评论。下判断——好还是坏，下结论——你和我怎么不一样，一定要得出一个好坏或输赢的结论成为今天我们理解生活的一种很重要的方式。全世界都互相贴标签，把一件事情象征化、给它意义。

这两种意义，创作式的意义和判断式的意义是很不一样的。对于今天的生活、年轻人的生活，我们同时面临着意义过剩和意义缺失。那种大的，判断性的、象征化的、下断语的、口号式的、抽象的意义极度过剩。那种展开的，在平常中看见有趣、在重复中看到好奇、不断地去发问让你觉得越来越热爱这件事情的意义，又是缺失的。

所以小东，我还有一个小问题，你画的这些人都是比较普通的，如何在重复里面，在平常当中，看到有趣的东西？

重复地工作，就像重复地吃饭一样

刘小东 _ 重复地工作，就像重复地吃饭一样，我觉得要积极地理解。每天吃一样的饭，每天穿一样的衣服，大有人在。你要问这些人，他们会说这样我很省心，可以腾出我的脑子干点我喜欢的事。所以我们每个人不要怕重复的生活，不要怕生活枯燥，枯燥本身使你省心。

我尽量向我哥哥学习。我的哥哥是一个普通的退休工人。手头从来没有闲下来过，永远在忙。在我看来，他是幸福的。人的痛苦源于过于悠闲了，于是就老用脑子想问题，问题越想越多，越解不开。如果不想只做，是不是能够更积极地度过我们的生命？这是一种无奈。我每天来工作室也是，不见得画画，摸摸这碰碰那，就觉得充实。心不慌，就是要围绕自己的事业，要动来动去。

所以我有时候挺喜欢观察我哥哥的，最近跟他的视频电话打得最多，上一个项目"你的朋友"里也画了我哥哥。我挺想画出他的烦恼。有一次，我看到他坐在炕上，头靠着墙，眼睛看着窗外。我感觉到这时候可以画出他的味道了。我想画出他内心的无奈、无助，或者孤单。但我刚拿起速写本，他低头就睡着了。我想，像我这种从事艺术创作的人，其实很多时候是把自己的东西投射到别人身上去了。他也许根本就不把这些当作问题，不想、不期待的话，他的生活还能过下去。

我会因为一件很小的事失眠，可他睡得很好。无论有多么大的事，他一倒头就睡着了。所以我觉得，人老是说想换一个活法，可是真的换不了，你是什么人就是什么人。

项飙 _ 我很感动，小东。你说的想和不想，这是一个大的问题。

当我们在青少年之后，生活就变成一个有意识的过程。一个人由于种种原因，如果已经比较爱想，在经常想得晚上睡不着觉的情况下，一定要让自己不去想，我个人觉得是不现实的，可能会造成一些更大的精神上的压力。因为"想"是基本的化学过程，不断地产生意象在脑海里面。

我觉得这是人类进步非常重要的一方面。我们有想的能力，去反思、理解、分析，然后去做决策。关键不是不去想，而是怎么去想。

我觉得你是想了很多的人。你不愿意坐在那里空想，你就得来画室，碰碰这个，碰碰那个。你就像那个要滑雪的人，一定要到雪地里面去。踏上雪橇才开始有摩擦，有摩擦才能够前进，前进了你才感到有速度，有快感。我觉得可能这是你"想"的方法。

你讲到你哥哥，他显然是你最熟悉的人。那么回到"陌生人"这个话题，当你将近60岁的时候，他可能将近70岁，你又重新去发现身边很亲近的人身上一些你原来看不到的东西。

所以我们谈的陌生人，也是广义的陌生人。其实对很多年轻人来讲，父母是相当陌生的。我们熟悉的是他们的父母角色，比如他们对你的关怀、唠叨。但孩子对父母作为个体有七情六欲，有从青少年叛逆到工作苦恼等是不知道的，是被屏蔽的。青少年看到的、熟悉的是日常中的父母，可以说父母是躲在熟悉面具后面的陌生人。孩子对父母也会有不断发现的过程。

贾冬婷 _ 观看，是我们跟陌生人建立连接的第一步。视觉是我们的感官中优先度最高的，也是最从直觉出发的。刘小东老师作为艺术家，从视觉角度切入陌生人议题。项飙老师提出了很多重要的问题，也给了我们跟陌生人建立连接的很多实践建议。

项飙 _ 谢谢小东，很高兴有这么一次交流。

刘小东 _ 回家，吃跟昨天一样的饭。

第二章

我们怕的是亲密关系还是陌生人

项飙对话"没药花园"主理人何袜皮

项飙：

对陌生人的戒备，其实不是对具体的人的戒备，而是对整个关系的戒备。对陌生的维持也是一种目的，有的人就觉得应该要维持这样的关系。所以到最后这些都产生一个结果：我们看人的能力越来越弱。对周边的人熟视无睹，对远方的很多东西会非常投入，因为我们可以用想象的关系来定义远方的事情。但是周边的人、站在面前的那个人，越是活生生的，有时候越让人觉得不安、恐惧。他不知道这个具体的人会怎么想，会怎么做，这很可能会干扰他对世界的想象。

何袜皮：

有时候我们觉得外面的环境很危险，但可能反而是亲密的环境会带来更大的危险。这样就会造成一种本能的直觉：亲密关系是一种纠缠。它可以很好，可以带给人温暖，但是它也可能在不经意间出现大问题，会变成一种不可控的东西，最终导致非常危险的结果。

项飙与刘小东的对话是为了确定如何从视觉入手，来完成我们跟陌生人连接的第一步。在这一章里，项飙将与何袜皮继续"你好，陌生人"的话题。

何袜皮是美国威斯康星大学麦迪逊分校的文化人类学博士，主要关注空间安全、都市犯罪、恐惧感等议题。2017年，何袜皮开设了公众号"没药花园"，至今深入剖析了上百个犯罪案件。在本次对话中，两位老师围绕着不同人群的安全感与恐惧等议题展开。

身边的安全和摆脱的愿望

段志鹏 ＿ 袜皮，在"没药花园"写作期间，你发现什么样的案例会更容易激发公众的关注呢？

何袜皮 ＿ 主要还是大家情感上有共鸣、有代入感的一些案子。我看公众号后台数据，这类案子的留言会更多。虽然说谋杀案是很极端的，很少发生在我们身边，但其实它的动机和情感内核可以是很普遍的。比如说它反映出来的人的嫉妒心、占有欲、性欲、对钱的欲望等等，可能每个人都体会过。

杀妻案，或者是婚姻内部有情感纠葛的案子，会有非常多的反馈。比如说我之前写过重庆姐弟坠亡案，案件中的主犯之一张某是两个孩子的亲生父亲，却把两个孩子从窗户上扔下楼。一开始他还表现得悲痛欲绝,说是两个孩子自己不小心掉下去的。后来警方才发现,其实是这个"悲痛的父亲"跟前妻离婚之前有了新的女友,为了摆脱责任或者说负担,和女友共谋,亲手把孩子扔下了高楼。文章的反馈很多,因为它涉及的是大家都熟悉的亲子、婚恋关系,但这种立于日常关系的罕见罪行,激起了大家强烈的情绪,有对两个孩子的同情,也有对这对残忍凶手的愤怒。最终,共谋的两人都被判了死刑。

还有一类就是跟大家切身利益有关系的案子。比如随机发生的儿童拐卖,或者像是唐山烧烤摊打人事件,涉及随机性、女性、附近的安全感等,也会激起大家激烈的讨论。

另外,我们发现关注度还会受地域因素的影响,这跟项老师说的"附近"有关系。大家关心的案件,是发生在自己周边的,最关心的可能是发生在自己社区的,其次是发生在我们生活的城市的、在中国境内的,然后是日本、韩国等亚洲国家的案子,再接下来就是发生在英国、美国这样一些文化存在感比较强的国家的。如果是一个发生在离我们的文化、地理位置都较远的地方的案子,譬如说伊朗的,哪怕案件中有很多人被谋杀,可能关注度也不如距离近的那些案子。

我以前看过一篇文章,说在美国,如果发生一起失踪案,媒体关注度最低的是底层黑人女性失踪案,再加上如果她是一个性工作者,即便媒体报道了,也可能无人讨论。而关注度最高的那一类失踪案,是中产阶层的白人小女孩失踪案件,比如玛德琳失踪案,它可能会变成一个全国甚至全世界关注的事件。

所以社会对安全事件的关注度，还是从该社会的主流文化、主流阶层的立场出发的，然后由近及远，慢慢递减。

段志鹏 _ 看起来大家对于某个案件的兴趣，跟在现实中的不安是有一点点联系的。

我之前看"没药花园"公众号时，发现大家经常在文章下面发表很长的评论，很多不是对案件本身的评论，而是自己经历的分享。

何袜皮 _ 这样的评论确实挺多的。比如我们写过一篇关于"寄居蟹人格"的文章，这是我提出来的一种人格，主要是为了唤醒大家对亲密关系中的操控或者说精神虐待的警惕心。这篇文章下面有很多留言都是在讲自己的经历，他们认为原生家庭中的父母、兄弟姐妹、伴侣对自己有这样的行为。很多人会从自己的角度去阐述，补充一些新的东西给我。

段志鹏 _ 这么听下来，我会觉得案件的意义，是跟某人自身的生活经验、与社会的关系有关的。

比如说刚才你提到父亲把两个孩子扔下楼的案件，有一个词让我印象深刻："摆脱"。为了摆脱某种关系，切断跟过往经历的关联，我需要做某件事。可能不仅仅是这个案子，我发现在其他很多事情中，这种倾向都蛮明显的，"我想要切断什么"。

袜皮，你作为一名人类学学者，为什么对这样的案件感兴趣？这种极端情况下发生的事情，跟人类学对日常生活的关注方向不完全一样，你为什么会有这样的兴趣偏移呢？

何袜皮＿我本科是读新闻系的，毕业以后在上海做过一段时间记者。此外，我一直都对侦探悬疑类事件很感兴趣，读人类学博士之前就出版过侦探小说，博士论文的题目也和犯罪相关。但因为很难进入公安系统去做研究，我后来就找了"保安"这个群体作为研究对象。我觉得小区保安，也是和都市人的安全感、身边的犯罪有一定关联的。

段志鹏＿看起来兴趣是慢慢地展开的。

项老师，你对于刚才袜皮分享的那些案件有什么感想吗？

项飙＿我觉得非常有意思的是，刚才志鹏讲到的"摆脱"和袜皮讲到的"安全"。

一方面，"摆脱"和"安全"是指向不一样的方向的。摆脱，不仅仅是一种心理上的转向，或者说我对生活有一个新的理解，然后进行自我行为的调整。在现代社会，摆脱是一直存在着的一种焦虑。在五四运动之后，中国人认为自己是可以从传统文化、从某种社会关系里整体性地摆脱出来的。但是现在在个体层面上，比如在刚刚讲的案例中，有人用肉体消灭的极端方式来摆脱，来解决问题。所以这本身就需要分析，它指向的是一种急剧的变化。

另一方面,刚才讲到大家考虑的是安全。"安全"听起来跟"摆脱"的心理和精神指向很不一样。安全是一个要具有可预见性、程序化的过程。我就很好奇,不知道袜皮怎么看"摆脱"与"安全"的张力?这是我的第一个问题。

同时,袜皮讲到很多案件,特别是引起大家关注的案件,看起来跟陌生人没有什么关系,往往是发生在亲密,而且是最亲密的关系中——夫妻、父子、母子关系。引发出的反思,也都是对原生家庭的反思。但这正好又跟另外一种社会心态形成对比,就是对于陌生人的恐惧。

我很想再多听一下你讲"寄居蟹人格"。这种对亲密关系的极度重视,可以认为发生在 1990 年代以后。在我自己的成长过程当中,孩子盼望着长大,等不及要离开父母独立生活还是很主流的心态。许多青少年想的都是去流浪,想有一天摆脱父母。

这也是一个悖论。交流信息增加,青少年的流浪比我们那时候多了,还有很多人去做背包客,但是他们在生活中对亲密关系的依赖好像增强了,物质上、心理意义上的都有。不过这种依赖跟对陌生人的恐惧可能可以认为是不矛盾的。同时,矛盾的是,在依赖的过程中又出现很多比较极端的犯罪,还有更深的恐惧。

所以,可以认为他对于身边的亲密关系有比较深的恐惧,而对陌生人一般不讲恐惧,更多的是一种戒备和不信任。然后他所信任的人又成为一个非常重要的带给他伤害的来源。袜皮,你对亲密关系的恐惧和依赖,对陌生人的戒备和拒绝是怎么理解的?这是我想问的第二个问题。

对陌生人的戒备和对亲密关系的恐惧

何袜皮 _ 说到"摆脱",我觉得它成了很多亲密关系谋杀中的一个关键词。不单是一方想要摆脱另外一方,摆脱方可能会作案;也可能是一方想要摆脱,但是另外一方执意不放手,不愿意让自己成为被抛弃的人,所以被摆脱方去作案。

刚刚项老师特别提到,大家对于陌生人可能感到戒备,对于亲密关系可能感到恐惧,我觉得还挺准确的。我想分享一下之前看的一篇法医心理学博士论文,其中有个数据令我非常地惊讶。论文提到,在美国,2020 年有 21 000 起谋杀案,其中低于 10% 是完全陌生人作案,也就是说超过 90% 是认识的人作案,其中女性被害的熟人作案比例就更高了。在英国,700 起谋杀案中有 87% 是认识的人作案。而陌生人作案,可能是随机在街头发生的。

那篇论文的结论就是,有时候我们觉得外面的环境很危险,但可能反而是亲密的环境会带来更大的危险。这样就会造成一种本能的直觉:亲密关系是一种纠缠。它可以很好,可以带给人温暖,但是它也可能在不经意间出现大问题,会变成一种不可控制的东西,最终导致非常危险的结果。

段志鹏 _ 项老师把"摆脱"跟"安全"放在一起,这是一组有张力的关系。某种程度上,我会觉得摆脱好像被认为是一种建立安全的方法。

那个男人之所以想要把两个孩子从楼上扔下去,是为了两个孩子不会成为他未来生活的一种负担,他要为未来的家庭关系建立一个比较安全的状态。刚才袜皮提到了亲密关系里的安全感,因为它很近,容不得其他一些东西在其中,所以才要建立一个屏障。

袜皮提到谋杀案中熟人作案更多一些。而且,谋杀指向一种关系,指向对于这个关系内部的一些恐惧。

我们聊到亲密关系里的过于依赖和过于恐惧,刚才项老师又提到对于陌生人的那种疏远和戒备,这仿佛变成了一种两极化的状态:要把陌生人推向很远的一个地方,把亲密关系拉得非常近,近到甚至会有恐惧的情绪出现。

为什么会形成这样一个两极化的状态?在其他地方是否也是这样的?在这种非常两极化的状态下,我们相处的方法又是什么呢?两位怎么看?

陌生化和靠切割解决问题

何袜皮 _ 关于"陌生人"这个话题,项老师也提到,我们常常对自己身边的人视而不见。在网络化程度如此之高的当下,我们可能会对一个远在天边的陌生人倾诉自己的一些心事,哪怕我不知道他到底是什么样的性格、什么样的人品。

我之前在做研究的时候，为了调查群租，自己也住进了一间群租房。群租是所有的中高档小区都非常痛恨的一件事情，因为它通常把一套两室一厅或者三室一厅的房子隔成七八间甚至十几间，分租给很多人。这些租客共享厨房，共享卫生间，共享洗衣机……但是他们互相之间都不认识，也不交流，可能每个人都在自己的房间里抱着手机，跟很远的一个人交流。我觉得这应该是网络带来的全球性现象，并不只是在中国才会出现。

我不知道这是不是跟人的某些特性有关系。在网上，你可能带着一个 ID，或者说你可以部分地隐藏起自己，这对自己也是一种保护。你被拒绝，或者被各种程度地打扰，感受都会稍微弱一点。比如像我这样有一点轻微社恐的人，我出门在外不太会主动跟人家打招呼，因为我可能不知道对方的反应是什么，对方是不是会忽略我之类的。但是在网络上，这种自尊心有的时候可能就被一个虚假的身份给保护起来了。

这也是我想问项飙老师的问题，你觉得这样的一种反差是什么东西带来的，你在欧洲是否也留意到？

项飙 _ 对，这是非常值得关注的问题。因为从人类历史上的普遍经验来讲，这非常反常。

群租的人，按道理来讲，年纪相仿，都比较孤独，而且有很多事情会导致他们不得不互相来往，但是大家却保持陌生，相互不交流。如果有一些民族志调查的话，也许我们可以看看这究竟是怎么做到的。因为他们要互相不来往,是一件不太容易的事,肯定要发展出一系列技巧,比方说在时间上错开,有一些东西不能问,有一些红线,还有一些仪式。而这个仪式不是共同庆贺的仪式,是一个分裂性的仪式。比如说我进门,你不要问我太多问题。那么问题要在什么情况下问,要怎么问,等等,可能会有一套程序,以此把关系降到最低程度。这不是一件自然发生的事情,里面可能有各种有意识、无意识的努力。

所以陌生人的意思,一方面当然是指我们还不熟悉的人,另一方面是指我们把一些人变成了陌生人。在一个群租房里的人,一天到晚见面,不可能是陌生人。把他变成陌生人,是花了大量的精力和心血的,往往很多时候有情绪上、心理上的斗争,比如犹豫该不该跟他打招呼等,很多时候都是走到边上又退回来,不断地犹豫,其实消耗了很多精力在维持陌生上。所以,这样的陌生是付出"劳动"在维持着的。

为什么会这样?

这是一个值得研究的过程,相信读者也有这方面的经验和观察。社会学原来有个概念叫社会化,就是讲一个儿童怎么成长为一个社会成员。现在"陌生化"成为社会化的技巧之一。

回到志鹏讲到的摆脱和戒备之间的关系,对亲密关系完全地依赖,而把陌生人推得很远,即使是身边的陌生人,也可以在感情上推得很远。我觉得这跟"陌生化"有一致的地方,这个一致性就是,现代人总体的生活是一种靠范畴或者程序来编排的状态。

怎么讲呢？

比方说，那个男人把两个孩子推下楼去是为了保证今后新生活的"稳定和安全"。但问题就来了，为什么要靠这种极端的方式来获得"安全"？因为按常理讲，要在一段新的亲密关系里获得安全，最重要的是爱，是双方之间的互相信任。如果新的女友和他一同照顾两个孩子，完全接受他，包括以前的他，这才是俩人关系能够安全的最重要的基础。现在他明明是两个孩子的父亲，为什么要把消灭这段历史作为今后安全的基础？

当然，这个案子是比较极端的，也非常令人痛心，但是我们知道的不那么极端的类似情况也是非常多的。为了保护某种亲密关系的稳定，隐瞒健康隐患或者家庭的某种关系是常见的做法。为什么会这样？亲密和陌生真的绕在一起了，这样做的人要把自己的一部分陌生化，为了保护某种亲密关系而把自己切割。这与对其他陌生人的处理方式有一定的联系。他们对关系的定义不是从人本身出发。如果你把亲密关系看成是"你和我"的关系，那么你就会想，你是你，你有复杂的历史，有复杂的关系，有非常复杂的心理和情感，不可预测……我也是这样。我和你建立亲密关系，共同探索，也可能分手。当然，你也会变，我也会变，社会都在变。

但是，在传统中国社会里，好像不是先有人，而是先有亲密关系，再把你和我这两个人摆进一个叫婚姻的仪式中。这个仪式不仅是指有什么样的风俗传统，而且是指我和你具有维持这种关系的义务。一切不利于维持这种关系的人和事，都要根据这个关系的需要切除。

刚才袜皮讲的,切割的另外一面就是拒绝切割。拒绝切割、好像切割了一些关系自己就没法活了,和靠切割解决问题、好像只有消灭以前的经历与关系才可以继续生活,是一样的逻辑。

有的人不是首先为自己活着,他生长在关系里。当然,我们每个人都在关系里,但却不应为关系而活。为关系而活着的人无法切割关系,为了保护关系,他会去切割自己的历史、记忆,甚至去伤害别人。在亲子关系中,这是很容易理解的,父母与子女确实很难做绝对的切割,因为血缘关系是既定的。这带来很多"牺牲"的说法,比如父母为了维持符合主流想象的家庭和亲子关系,要切割和压抑自己。但是在本该平行的亲密关系中,有的人也会反对切割,因为他觉得切割以后他就不是他了,他就没法活了。对关系的依赖和对历史的切割绕在一起。

这有两种情况,一种是一定要通过切割保证所谓新关系的纯度和稳定性,另一种是拒绝切割,这两种情况是缠绕在一起的。所以我们看到整个生活的组织方式,是根据一个相当程序化的、对不同关系的理解来界定的。

当然,人们在日常生活中的亲密关系、一般熟人、熟悉的陌生人、完全的陌生人……构成了一个序谱,亲密和陌生不是划分得那么绝对,也不可能做到。人们也会在不同关系中,有来往的递进。所以事实上,亲密和陌生的界限是比较模糊的。

但这又形成一个新的有意思的矛盾。大家在下定义的时候,在做决定的时候，在做出一些比较重要的行为的时候，一下子又把一些非常抽象的概念摆上来，而不是看具体的人怎么样。比如，我们的亲密关系就应该是这样的，而这个"应该"是不是符合眼前这个人的情况好像是次要的。有的时候可能要把对方陌生化，才更能保证关系的纯洁性，因为你对对方了解得不多，就更容易用关系的抽象定义来要求他。

所以我们下一步讨论的问题，可能又要回到陌生化、陌生人。

对陌生人的戒备，其实不是对具体的人的戒备，而是对整个关系的戒备。对陌生的维持也是一种目的，有的人就觉得应该要维持这样的关系。所以到最后这些都产生一个结果：我们看人的能力越来越弱。就像袜皮你说的，对周边的人熟视无睹，对远方的很多东西会非常投入，因为我们可以用想象的关系来定义远方的事情。但是周边的人、站在面前的那个人，越是活生生的，有时候越让人觉得不安、恐惧。他不知道这个具体的人会怎么想，会怎么做，这很可能会干扰他对世界的想象。

所以不把别人当人看，也是一定意义上的不把自己当人看。这里不是指道德意义上不把人当人看，而是说一种认知方式，一种认知能力。

寄居蟹人格，表面是"你需要我"，其实是"我需要你"

何袜皮 _ 现在我回答项老师的第二个问题，关于寄居蟹人格。

在很多案件当中，可能有一些人会有颓废、抑郁、躁狂等心理问题，甚至出现自杀行为，大家会认为这是这个人自身的问题。但是我看过的一本书——《邪恶的人性》提到，心理咨询师去给病人做辅导时发现，这些人身边常常会有一个导致他们"生病"的人。那个人可能会在生活当中经常拔高自己的价值和付出，贬损、操控对方，可能常挂在嘴边的话是"离开我你就什么都不是""我是为了你才留在这段关系当中"等等。可能是父母与子女之间，也可能是夫妻之间，长期处在这样一种精神虐待下，被打压者可能会越来越消沉，直至出现一些精神问题。

为什么说是寄居蟹呢？因为寄居蟹有一对很坚硬的螯，看起来很威武，但是它的下半身很柔软，整个腹部非常容易受到伤害。它自己本身是孱弱、外强中干的，所以它就必须找到一个壳来保护自己。

对于寄居蟹人格的人来说，这个壳就是亲密关系。他要一只"海螺"，如果这只"海螺"的壳有空隙，他就会钻进去。如果没有，他就绞杀"海螺"的独立意志和精神。绞杀以后，他就可以占有这个壳，把"它"作为自己的盔甲，进而产生一种安全感。所以虽然寄居蟹人格的人可能并不是很优秀，但当两个人结合以后，他会通过各种话术、精神操控等方式，让这只"海螺"觉得自己配不上他。在日积月累的打压下，"海螺"也慢慢地离不开他了。直到这只寄居蟹找到一个更好的外壳而要离开的时候，原来的"海螺"才会发现自己的精神已经被掏空，个人意志消失了。

所以在亲密关系当中，寄居蟹与它的海螺是一种共生关系。

比如我们看到某个孩子出现一些精神问题，表现为意志消沉，想要退学，沉迷于打游戏等，其实可能是他身边有一个家长，这个家长并不会有意识地让孩子产生这样的情绪，但是在潜意识里不想孩子长大独立离开他，所以用长年累月精神绞杀的方式来占有孩子这个壳，跟他永久捆绑。

寄居蟹关系发生在人与人之间，表面上是"你需要我"，其实可能是"我需要你"的一种状态。

保安群体：典型的"熟悉的陌生人"

项飙_ 袜皮，我也看了你关于保安群体的研究，我觉得这件事真的非常有价值。你提出一个悖论，就是在中国，特别是在大城市，总体犯罪率很低，但是保安无所不在。怎么样去理解这个悖论？这是第一个问题。

另外一个问题我也觉得很有意思。保安这个群体是非常典型的"熟悉的陌生人"，我们与他们天天见面，他们长什么样我们看得很清楚，但他们对我们来说却是陌生人。他们叫什么，他们在想什么，居民一无所知。这种情况是怎么形成的？你怎么看？

还有一个更深层的问题。小区的业主也知道保安们的工作条件很差，他们社会背景很复杂，流动性很强，他们是一群业主们不太信任，也不太愿意去了解，更不太愿意建立亲密关系的人，但是业主们却期望他们为自己提供安全感,为什么会出现这种情况呢?

我觉得这样一种依赖一群陌生人为自己提供安全感,又拒绝把陌生关系变为真正熟悉关系的格局,可能也是理解中国社会结构的一个很好的切入点。

我先提这三个问题。

危险是对"被污染"的恐惧

何袜皮＿保安是中国自 21 世纪初进入商品房时代以后出现的。以前,要么是亲属宗族住在一起,要么就是一个村、一个生产队在一起,大家都互相熟悉。还有那种单位大院,领导跟下属都住在一起,门卫也是单位的职工。有了商品房以后,不同人群按照经济收入被空间归类了。

项飙老师也写过,中国的中产阶层是极具多样性的,与海外的一些中产阶层拥有的共性不同,中国的中产阶层大体是按照收入水平来分类的,因此在教育水平、职业类别上是各式各样的。大部分人的共同点是有自己的房产,主要是商品房。在 1990 年代末房产商品化以后,不是每个小区都有被商品化的保安。当房产价格把同一收入水平的人归类到一个空间后,那些高档小区的居民就很想有这样的保安来保护居住在其中的人的安全,防止外面的人进来对他们的人身和财产造成伤害。

慢慢地,到了后来,基本上所有的小区都有了保安。哪怕是一个很破旧的小区也有保安，只不过可能是老年的保安。这时候保安的一个功用，已经从以前的防范犯罪转变为保卫房价。这些保安的很多日常工作，是保证小区里的公共设施，比如草坪、健身设施等不被外面的人使用，保证停车位不会被外面的车辆占用，打击群租，禁止没有资格或者不被邀请的人进来……这些其实是在保证小区内阶层的同质性，保卫这个小区的房价。

保安人员的情况，也经历了一定的变化。以上海为例，过去以本地中老年保安为主，从前几年开始，越来越多的民营保安公司承包了小区的保安业务，这些公司为了降低成本，雇用的几乎全部是外地的农民工。因此，对于业主来说，原来的熟人社会机制就被打破了，因为以前的上海当地保安，尽管工资不高，但他在附近也是有房子的，某种意义上他属于业主的"自己人"。但现在的保安完全是陌生人，却要承担一个非常重要的、跟业主关联紧密的保卫职能。

英国人类学家玛丽·道格拉斯（Mary Douglas）曾说过，污染常常被视作危险。① 群租的危险性其实意味着，人们感知到本不属于这里的东西已经越过边界，到我的范围里来了。譬如，那些群租的人不属于业主这个收入阶层，因为有资格住在里边的人，要不就是买得起高档房产，要不就是付得起昂贵房租，代表了一定的经济

---

① 玛丽·道格拉斯的《洁净与危险》（商务印书馆，2020年）指出，在各社会文化系统中，对"干净"和"脏"的分类，是人们想象社会秩序的重要部分。脏是对社会规范和秩序的违背，危险是脏的东西跨越不该跨越的界限。禁忌、仪式、对越界行为的惩罚、防止被污染，是确立既定秩序、维系社会规范的手段。

收入水平。而群租的人，可能只要付很少的房租，就能住进来。这其实是对小区阶层同质化的一种"污染"。

保安是一个特别有意思的群体，因为他们是被业主"邀请"来保卫小区的，但他们其实并没有真的进来，不属于这个小区，他们站在边界上。

玛丽·道格拉斯说，其实危险有两种，一种已经渗透进来了，一种在边界上逗留。在业主心里，他并没有完全信任保安，"我虽然邀请你进来了，我借给你这样一种职能，你来替我管理这个空间，但是我并没有让你成为我们的一部分"。所以保安的位置特别尴尬，在距离上无限地接近，但是在经济上却属于需要被隔离、被防范的阶层。他会挡住那些流浪汉、捡垃圾的，或者小商贩……但其实保安和这些人大体上是同一个阶层的。我觉得保安的状态有点像维克多·特纳说的阈限①，即从一个状态要转化到另外一个状态的中间状态。他穿上了制服，临时地扮演了一种像是管理者的角色，但是其实本质没有变。他脱掉制服，依然是业主担忧的一个阶层。所以这也导致保安经常被怀疑，包括在我调研的小区，当有丢电瓶车之类的事发生时，有些业主甚至会怀疑保安是内鬼。

段志鹏 _ 我们把离得很近的人当作陌生人，我不知道这是不是一个比较普遍的现象。起码在我的生活经验里有类似的感觉，要把周围

---

① 阈限这一概念最早由象征人类学家维克多·特纳提出。他认为，阈限阶段是一种模糊不定的时空，是一个过程而非状态；在阈限期，受礼者进入一种神圣的仪式时空，处于一种中间状态，所有世俗社会生活中的种类和分类都不复存在。

的人放在安全的位置是一件困难的事情，因为他肯定是复杂的，对我的影响是没法去预测的，所以我们常常就会把附近的人陌生化，这是一个让我们变得安全的方法。同时，我也会觉得这好像是很反直觉的事情。要变得安全，我们不应该主动去认识他们，了解他们吗？但是我们并没有那么做。为什么在社会关系里是这样？

项飙 ＿ 对，这是很有意思的一个问题。

就"安全"这个词，我们可能首先会想到安全部门，它的"安全"是建立在通过大量调查获取信息的基础上的，而且掌握的信息越多越安全。

作为一个外人，你如果去到一个传统的社区或村子里面，是会受到轮番调查的，我们过去做实地调查经常遇到这种情况。安全部门和村民对安全的理解都是基于信息、基于预测、基于防备、基于互动的。

像志鹏刚才讲的这种切割式、边界式的安全，是一种比较新的安全理念，其中一个逻辑就是"我不想知道你，你也不要知道我"。我觉得可以从三点来理解。

第一，我们觉得把自己打开是非常不安全的，你要问别人，别人也可能问你。起点是一种自我认定的脆弱，即整个环境是不安全的，越封闭越安全。这跟安全部门和村里的大妈的逻辑完全不一样，安全部门和村里的大妈觉得自己是能够把握这个社会的。

第二，我们的安全感来自划线，不让别人进来，靠这个来维持自己的安全感。

第三点其实跟前面两点是重叠的。跟陌生人共同居住在空间上联系非常紧密的地方，就迫使我们把安全的不可预测性降到最低，在这种情况下，只要不跟陌生人说话，就不会有尴尬、惊讶的情况。不可预测性当然仍存在，但是如果从来没有来往和交集，就可以不理睬、不管。一旦开始跟陌生人交往，马上会有或多或少的不可预测性出现。

现代人还会实施一些具体策略以保证自己的基本人身财产安全，比如各种密码，各种实体的、非实体的锁。这跟大家讨论的所谓控制型社会也有关系，与原来福柯讲的规训化社会倒是不一样。规训化社会是真的深入灵魂改变人们的想法，而控制型社会靠各种各样的防盗门上的锁。① 群租房里面各个房间的锁是怎么处理的，这也是个有意思的点。

回到袜皮讲的高档小区，这种小区天然具有一种高贵的、优越的脆弱性。业主认为能够住在其中是一件值得炫耀的事情，同时要炫耀的是脆弱性，因为高处不胜寒，外面的人对里面虎视眈眈，所以里面更加需要保护。

与外界切割是追求安全的一种手段，而从这样的视角看，安全问题就是永远存在的，越想切割，越界、被污染的风险越大，所以这是不可能解决的问题。

---

① 关于控制型社会，参见 Gilles Deleuze, "Postscript on the Societies of Control", *October* 59 (Winter, 1992): 3-7。

引申到袜皮刚才讲的安全和污染的关系。比如在大家的一般印象中,城中村是脏乱差的地方,会没有安全感,但要是在那里生活过,你就会发现那里的人基本没有安全的顾虑。在他们看来,安全和脏乱差是两码事。当年我调查北京"浙江村"时,那里的环境确实脏乱差,案发率在一段时间里也相当高,但是生活在其中的人并不觉得自己处于危险之中。

但是在高档小区里的脏乱差迹象,比方说像群租的产生,直接变成一个安全问题,这是一个有意思的点。因为他们内部的安全感是靠一种非常脆弱的、样式上的同质、内在的相似性来维持的,只要把相似性稍微打破一点,他们就觉得很不安全。

袜皮讲到保安角色的变化,我在想,好像有三类群体称得上是这种比较熟悉的陌生人。

第一类,比方说家政工,以及护理工,几乎天天要与雇主见面。对于大多数雇主来讲,这些人还是比较陌生的人,信任度也比较有限,但你不会觉得这些人危险。你对他们的工作性质和他们作为人群的价值判断基本上是一致的,你觉得他们的工作是重要的,他们是值得得到基本尊重的,你对他们的工作和他们这个群体都是承认的。

第二类,比较极端,比方说在印度,有一类处理动物尸体,特别是宰牛的人被定义为种姓之外,为不可接触者,会被认为很脏。但他们保护环境和处理动物尸体的行为,其实对周围人的生命是有保护性的。可见,他们的工作性质和他们在人格上怎么被定义是完全相反的，他们的工作是社会的刚需，但是他们却是社会要摈弃的人。工作是被承认的，人却是被否定的。

第三类，保安。他们当然是陌生人，但好像又比较居中，略倾向于第二类。他们的工作是被承认有价值的，而他们作为群体的存在价值却是偏向于被否定的，特别是被他们自己否定。他们的工作是切断内部业主和外面陌生人的关系，以保证内部的一种安全——其实称安全感可能更合适，因为安全感是一种秩序，而不涉及是否有事实上的威胁。保安要保护的是内部的"纯度"。大家都关注到，在疫情期间，保安和快递员、骑手这些来自同样社会阶层的人经常发生争执，甚至相互仇恨。保安的工作，在一定意义上是提防自己，就像袜皮讲的，他们要保护别人，但是他们又被别人认为是安全隐患。保安可能至少在工作意义上的自我否定是比较普遍的。前面讲到陌生化，其实对自我的陌生化是一个更加普遍的现象，而且有可能产生强烈的负面心理后果。袜皮，你的研究里也提到，保安的职业声望被认为是最低的。我突然想到，有文化意义上的"最低"，而他们的工作内容和社会性质造成了心理意义上的"最低"。因为他们缺乏职业的自豪感，缺乏生活的稳定感，进而被最低化。

我想听袜皮分享更多关于保安这个职业的研究。

保安的自我价值感很低

何袜皮 _ 我觉得可能保安这个职业确实是在都市的服务业当中地位

最低的职业之一了，他们自己也是这么认为的。我在研究过程中去采访他们，他们会觉得很惊讶："你为什么要来采访我们？"有个保安班长离职后还给我发消息说研究这帮人是浪费时间。我写到过一个男孩，他20岁出头，有高中学历，在上海做了很多年的保安，但他一直骗他的父亲，说自己在一家房产机构做中介。其实他家在老家也算是一个中产家庭，家里开一个送水站。他之所以一直不敢说自己在当保安，是因为他觉得这会让他父亲蒙羞，在亲戚当中抬不起头来。

还有一个物业公司的底层员工，上海人，晚上和保安们一起吃饭，有保安问他儿子是干什么的，是不是保安。其实这只是一个玩笑，但那个人感觉受到了冒犯，他说如果他儿子是保安，他会打死他儿子，还说宁可儿子失业，也不会让儿子当保安。当时其他在场的保安看起来有点尴尬。

为什么保安的社会地位这么低？表面的原因是，收入低，门槛低。根据中国保安协会发布的数据，到2022年国内保安服务行业人员数量达到645万，但实际应该超过这个数量，因为许多人是没有登记的。由于缺人，保安公司也把招人门槛放得非常低，在我调研的那个小区，有个别保安是经过小区门口，询问值班的保安是否招人，当天就被队长录取的。实际操作中，背景、学历、知识、技能都不需要，可能考量的只是他的身高和年龄。

就更深层次的原因而言，就是项老师说的，保安的工作内容本身，让他带一种自我否定的意识。另外，保安跟家政有一个明显不一样的地方，就是性别。家政人员是被居民"邀请"到家里，在一个特别私密的环境中去照顾老人、孩子等弱势群体的陌生人。被照顾的这些人通常不太具有反击能力，甚至可能都缺少表达能力。为了让家人有安全感，大部分家政人员是中年女性，并不是健壮的、陌生的男性。

而保安服务是为数不多的男性优先从事的服务业之一。大部分外地民工到上海找工作，可能都是从事建筑工人、外卖员之类这些不太需要跟人打交道的职业，而需要跟人打交道的，比如服务员、按摩技师，都更倾向于招聘女性。男性特别是中老年男性到了上海，能够找到的服务业工作基本上就剩保安了。这些四五十岁的中老年男性，在老家农村应当是一家之主，在当地的传统习俗里有比较尊崇的地位，但到上海当保安后，小区里的任何人都可以使唤他，他的上面是保安公司，保安公司上面是物业公司，物业公司上面是业主，业主不管是大人还是小孩都可以使唤保安。

在城市小区的结构中，保安的地位是处于最下层的，他很容易感觉自己所谓的"男性尊严"受到折损。很多保安就在访谈中说道，他最讨厌的一件事就是跟业主打交道。他愿意去搬小区里的建材垃圾，清理水塘……但却不愿意跟歧视他们的业主打交道。

他们常常处于矛盾冲突的前线，小区里的停车位纠纷通常由保安出面解决，但是业主觉得保安没有资格锁他的车或者指挥他，冲突随即发生。另一方面，保安要拦住其他外来人员，比如快递员、外卖员等。他不比这些人具有更多的权力，对方也知道他只是穿上了一身制服,本质上与自己是同类人,因此保安和业主、保安和外卖员的冲突在新闻中都很常见。

说到危险或者恐惧,未知的事情会让人恐惧。人最恐惧的就是死亡和"鬼魂",因为对这两个东西我们是了解最少的。我们恐惧的常常是处于不同文化、不同社会阶层的人,因为我们不够了解他们。

我有时也会想为什么居民不去跟他们说话,有一个原因可能是我们本身的交流能力随着科技、网络的发展在退化,慢慢地不如以前了。另外一方面是因为,随着科技的发展,我们不再拘泥于距离远近,就可以去获得一种人际关系的满足了。以前我们很难走出去认识很远地方的人,我们只能跟邻居做朋友,因为我们每天要看到他们。有了网络后,我们可以跟很远地方的人做朋友。我们不需要真的认识他、见到他,也可以得到某种情感上的亲密感带来的满足。

还有,很多人不想跟这些服务业的从业人员打交道的原因,可能是不愿意花费精力与这些人建立一种长期关系,因为保安、保洁,或者群租客这些人群很不稳定,变动性很大。另一方面,很多人认为沟通还是要在关系对等的情况下,但他们不认为自己和保安处在一个平等的位置,对保安存有轻视之意。像项老师说的,人们在交流时往往同时要打开自己的心灵,而这些人不愿意向保安这类人群打开自己的心灵。

段志鹏 _ 我之前认为,从事维持日常生活相关服务工作的人,比如家政、护理员等做比较脏累工作的人，其实是有一定的自我职业价值认同的，尽管可能工资会非常低。但是听袜皮说，保安的自我价值认知很低，甚至想象一下自己的孩子从事这份工作都愤怒不安，我有点意外。另外，外卖员、保安这些职业，的确是男性从业者更多，一方面这些工作确实辛苦，需要更强的体力，另一方面也是出于安全的考虑，男性似乎更合适。

袜皮刚才说人们对死亡或者"鬼魂"的恐惧是因为未知。我想区分一下两个词：恐惧与害怕。

害怕是有一个对象的，比如我怕蛇，我怕老虎。但是恐惧好像没有一个具体的对象，我不会说我恐惧什么，这是一个很难把握的东西，是一种心境，一种感觉。

刚才项老师也提到，整体的不安是一种感觉。这会不会也跟想象力有关系？我之前在上海的一个青年公寓租房子住，周围的人换得很快，短的只住两三天，长的住三四个月，所以交流比较困难。慢慢地我也会主动放弃交流，因为我当时也总是很忙很累，而且我也觉得他们只是我生命里的匆匆过客。在这样的情况下，我的想象力也受到了影响，影响到我对周围人的想象。想象力与恐惧之间是否也存在关系呢？

我们一直在聊恐惧，带入的好像是中产阶层的视角，或者是城市居民的视角。我不知道袜皮你有没有去了解过，比如说保安这样的群体，他们对于恐惧的认识是什么。如果我们展开讨论不同人的恐惧，是不是就有不同的方向可以聊？

恐惧成了一种会员制

何袜皮＿恐惧的产生一般被认为是一种应激生理反应，比如我看到一条蛇，我当时可能想到死亡，可能会出现心跳加快、出汗等反应。这其实是人的一种自我保护机制。

但是很多时候我们说的恐惧其实是泛泛的，大概可以翻译成："你在担忧什么？""你害怕什么？"我在做保安调研的时候，刚开始主要是访谈那些中产阶层业主。当跟他们聊关于恐惧的话题时，他们可以聊很长时间，从害怕儿童拐卖、入室盗窃等各种犯罪，到害怕食品安全问题，再到害怕空气污染，等等。他们有许多安全顾虑。

保安是预防犯罪的第一道防线，我自然也会问保安们，他们有什么安全顾虑，害不害怕犯罪。听到这个问题，他们似乎不理解我为什么要这样问。他们觉得上海特别安全，小区里也很安全，没有什么令他们害怕的事情。当我一步一步地询问下去，把"害怕"替换为"担忧"后，他们会袒露，他们担忧生病、失业，担忧老无所依，担忧回老家以后失去收入。他们害怕或者担忧的"安全问题"基本上都是一些生存问题，与中产阶层关心的生活质量问题不同。

如果引导业主继续回答"你担忧什么？"会发现，在安全顾虑之后，他们其实担忧的是自己的经济地位是否稳固。那个小区的房价一直都落后于周边小区，原因就是群租人员太多，人口构成复杂。业主们非常不满，认为自己的房产价格上涨没有周边快，意味着财产缩水了，加之房产是大多数中产家庭最大的一笔投资，这导致家庭的经济地位被拖累。

保安和业主都会把自己真正担忧的东西藏得更深。我们通常在媒体上听到的更主流的社会恐惧，都是中产阶层在生活质量方面的恐惧。其实还有很多没有被听到的声音是关于更基本的生存问题的。

段志鹏 _ 对，大家对恐惧的理解是很不一样的。我们这个对话本身也是希望大家多去了解周围的人，特别是一些看起来很沉默的人，他们到底在想什么，在担心什么。

哪怕我有过一些调查采访的经验和方法，有时候主动跟陌生人交谈时对方也不愿意开口，项老师和袜皮有什么好的建议或者方法，让我们与交谈对象开启对话呢？

项飙 _ 我觉得袜皮如果能够分享一些经验会特别有价值。你跟保安交流的过程中有什么突破性的技巧和方法，可以一下子引发他们的主动反馈？如果我们想跟自己小区的保安有一些交谈，有哪些事情需要注意？

何袜皮 _ 做人类学研究要进行参与性观察，所以我与他们待了蛮长时间的。当时我是以物业公司实习生的身份进入小区的，保安一开始对我是比较戒备的。他们觉得我是物业的人，相当于是管理他们的，有点监督他们工作的意思。

慢慢地，我经常出现在他们工作的地方，也去过他们宿舍，有时候还跟他们一起去敲群租房的门，时间长了变熟悉后，他们觉得我和物业的正式员工不一样，也开始愿意聊一聊。我会告诉他们我是在做什么研究，但他们通常不太理解，认为我和记者差不多。

平时主要还是我问他们，虽然他们很友好，愿意交谈，但是一些人也很羞怯，或者说有些自卑，就觉得关于自己没有什么好说的。信任是需要时间培养的。慢慢地，有些人听到我和其他人在聊，也会加入进来，比如中午一起吃盒饭的时候，他们会讲起自己过去的事情，有些事情甚至其他保安都是第一次听说。在不了解他们之前，我们会觉得他们是农民工，经历大同小异，但是接触以后发现，他们每个人都有自己的故事，还有一些人的经历很特殊。譬如有前数学老师，有破产的餐馆老板，有破产的养殖商人，甚至有一个保安以前当过夜店公关，他觉得自己嘴笨，挣不到很多钱，还要每天熬夜，才转而选择保安这个相对轻松、作息规律、没有压力的工作。

我认为大家要想了解身边的保安，可以试着从平日里的问候开始，闲聊是很好的开启互动的方式。当他们觉得你很尊重他们，你真的愿意倾听和了解他们时，他们也会更轻松自如地与你交谈。

段志鹏 _ 我想进一步问项老师，保安的工作很不稳定，经常更换不同的地方，但是哪怕他的生活经历非常丰富，对于我来说，了解他好像并不能给我带来什么新的认知。如果我不是为了做研究，只是主动地聊天，可能也不是很舒服，那么这么做的意义何在呢？

项飙＿如果不舒服，那就不要聊。因为这件事情是生活的一部分，必然是要以舒服为前提。为什么要去做这件事？它看似本身没有什么直接意义，但它是生活的一部分，是你了解你的生活构成和社会构成的一个很重要的部分。我们大量地看电影、读小说、听音乐，其实也是完全没有直接意义的。与身边人聊天，等于是听一部微型小说，听一个人的小故事，这跟听音乐、读小说等是非常相似的。如果一定要说功能和意义，就是知道有那么一种人生经历。

我觉得，如果带上一定的人类学和社会学的分析视角，这件事情做起来会比较有趣，就像袜皮所做的研究能带来对理解保安这个角色的启发。当然要看具体的人，但是具体的人在这一刻是一定角色的载体。这个角色不仅仅是指他的工作内容，还有他内部的、复杂微妙的方面——他怎么想象别人、别人怎么看待他等等。他是被陌生化的，他又要给业主提供安全，同时他要提防跟他自己一样的人，如此等等。如果引入这些思考方式，观察就会变得比较有趣。

同理，对家政阿姨或者外卖员等，也许都可以这么去观察和理解。

这里回到对角色的分析，性别对角色的影响是直接的。以护士这个角色为例，在大部分亚洲国家，护士是一个非常复杂的角色。护士一般跟现代医院联系在一起，而现代医院跟殖民时代联系在一起，一般都是由传教士办的，被认为是文明的、高贵的地方。但是在救命和治疗的工作角色外，女护士在道德意义上还被赋予一种性想象，并且因此经常被质疑。一方面，人们认为女护士做着又脏又累的工作，保障着大众的安全和健康，是应该被感激的；另一方面，她们需要配合的大多又是男性医生，这些男性医生的身份似乎又比她们高。所以在一些大众的道德想象里，女护士这个角色非常复杂。尤其当一个女性病人对照顾她的女护士做这种想象的时候，她就在为自己非常脆弱的特权而挣扎。

还有一类角色是空姐、空少，在中国比较单纯一点，但是在其他很多文化中，人们对他们的想象也是非常复杂的，如此等等。

我们跟陌生人聊天时，首先当然要把他看成一个人，了解他的所思所想所为，不过如果能够用这种结构性分析的眼光看他所处的位置，会更加有趣。但是千万不能倒过来，拿这个角色去代入他，理解他的所思所为，因为每个个体的差异非常大，也许他的其他角色，比如父亲、儿子的角色等，对他的影响远远超过他的保安角色。

最后，说到恐惧，这可能是我们今后可以继续聊的话题。担心、害怕，就像志鹏和袜皮讲的，是事务性的、具体的，比如有人害怕退休等。而恐惧不是事务性的，是总体性的生存感知，是弥漫式的。

有一个理论上的小问题，我还不能解决，需要大家的帮助。考虑到性别关系，在父权社会里，男性是不会恐惧和害怕的，他们受挫时只会生气，会抱怨，会批评；而女性扮演了感到恐惧和害怕的角色，她们不会生气，不敢生气。也就是说，高位者一般不害怕，但是容易生气；低位者，容易害怕，但不太敢生气。但现在有一点倒过来了，上层人员恐惧害怕的会比较多，而底层人员，至少在心理上，不会呈现出这种状态。这怎么样去理解？袜皮，你在调查中是否发现中产业主的担心和恐惧也有性别差异？总的来讲，现在社会存在着恐惧的泛化，当然也影响了陌生人之间的关系。

何袜皮 _ 我与中产业主聊天的时候，女性的确会说得更多一些，也比较擅长表达她们的害怕和担忧，但也很难量化到底哪个性别的人的担心和恐惧更多。

说到为什么现在越在上层的人越容易害怕，我想到美国的两位女性学者阿维娃·布里费尔（Aviva Briefel）和倪迢雁（Sianne Ngai）研究发现，1990年代的恐怖片主角几乎全都是白人中产阶层，一般他们会在自己家里或者度假的小木屋里遇到可怕的事情。她们认为，恐惧是跟财产捆绑在一起的，不是每个人都有资格恐惧的，鲜有恐怖片中害怕的主角是底层的黑人。

所以，恐惧可能涉及两个方面，一方面它确实指示了我们内在的担忧，另一方面它也是一种表达的权力。谁表达恐惧的声音更容易被听到呢？可能就是那些在更上层的人，他们诉说的恐惧的种类更多，诉说的声音也更大。有学者认为，恐惧成了一种会员制，只有达到或者符合某一个社会阶层的人，才有资格表达恐惧，这个阶层的会员互相交流，传递恐惧，不停地加强他们对某些恐惧的表达，以此实现他们的某种诉求。就像我们前面提到的中产阶层，他们不断地表达对犯罪的担忧,以此实现小区封闭管理,扩大保安队伍,最终满足他们对人身财产安全以及房产保值的需要。而那些底层的人往往没有表达恐惧的资格,或者说即使他们表达了恐惧,他们的声音也是不会被听到的。

我觉得,这种担忧和恐惧要跟真实的担忧区分开来,它是一群人、一个阶层对恐惧表达的一种权力,而真实的担忧则是真实的个体的一种感觉。

段志鹏 _ 刚才袜皮提到了要跟陌生人交流这件事情,它其实是重新建立想象力的过程。让陌生人从一个静止的状态、一个社会功能式的角色,变得动起来,去了解他作为普通人的一面,进而使自己有更多的想象力去想象其他的人,我觉得这是很有价值的事情。

刚才袜皮提到,中产阶层更加能够诉说恐惧,其实我在看"没药花园"公众号的时候也会有类似的感觉。公众号里有很多案件是关于家政行业的人,比如杭州保姆纵火案等。下面的评论一般会从什么视角理解这类凶杀案呢?

何袜皮 _ 我记得我们还没有写杭州保姆纵火案的时候,我在网上就已经观察到很多家政行业的案件。比如早期有保姆提供假身份证拐卖儿童的案例,后来有保姆为了能只做一两天就拿到全月工资,会刚到雇主家就想办法把照顾的老人杀害,伪造成自然死亡,并成为连环杀手。这些极端恶性案件不断出现,让大家感到愤怒和害怕。

家本来是每个人的最后一道安全防线，主动邀请这些家政服务人员来到家里，并形成一种空间上亲密的关系，是必须付出信任的，却没想到把危险和死亡带给家人。

现在大部分人还是通过家政服务公司来物色这些人员，以为有公司背书，就会有保障，有安全感。这与熟人社会完全不同，在熟人社会，大家知根知底，这种"知道"中通常包含对其过往和品行的了解，但是到了陌生人社会，哪怕你通过专业的公司来购买服务，通过有无执照来判断对方的专业性，通过身份证知道对方的真实身份，你也仍然对那个人知之甚少。在陌生人社会，我们很难真正了解和探析一个服务人员，进而导致在寻求服务时的不安全感。

所以，我觉得这是在都市化以后，一种非常标准的、流程式的、专业化的推荐替代了以前那种熟人社会中人情关系的推荐，自然而然带来的一些风险和不安全感。

段志鹏_对，专业化真的是一件很关键的事情，保安从业人员是要持证上岗的，而且保安员也分不同的职业资格等级。国家也尝试用职业化的方式去降低从业人员带来的风险，以及保护保安从业人员的权利等。

刚才项老师提到恐惧的泛化，我想到可以用刘慈欣的小说《三体》里的黑暗森林来比喻，就是我们周围是一片未知，危险突然降临，恐惧由此而生。从袜皮提到的对保安的采访里，我会发现，保安相对来说不惧怕这种快速降临的威胁，比如凶杀案件等，而是更惧怕和担忧温饱、医疗、基础教育等问题,比如害怕家里老人生病,害怕孩子上不了学,等等,这些问题是长期性的、一直存在的。

我想再问项老师和袜皮一个问题:恐惧与"盲盒"有没有什么联系?

盲盒式生活是恐惧的另一面

项飙 ＿ 我觉得你刚才说得很好,我们生活在看不见的生活里面,这个生活是通过一系列的符号、象征组合起来的。在大城市里面,我们的视线被占领,看到的是摩天大楼等等,生活本身很稀薄,看不到具体的关系、生活的展开。在这样一个看不见生活的地方,恐惧感的增强和泛化由此产生。有了恐惧之后,你就更不愿意打开自己,更想活在一个胶囊里面,就更看不见周边的事物。

我到了这个年纪,完全没有玩过盲盒。盲盒表面上给你一种惊喜、惊讶,给生活带来一点情趣,但它用一种随机的想象、一种对惊喜的渴望,取代了一种基于有时间感的经验的预期,这是我对盲盒式生活的理解。

这又涉及一个我比较感兴趣的很大的理论问题,就是哈贝马斯的"生活世界"[①]概念。他认为西方的现代化都是理性化、技术化

[①] "生活世界"最早由胡塞尔提出,经舒尔茨、哈贝马斯等人的发展,成为当代现象学和政治哲学中的重要范畴。生活世界指的是人们在日常生活中进行相互交往的舞台,它给人们提供了一个背景知识,在这个背景知识下,人们能够相互理解、形成共识,生活世界是行为主体进行协商、形成互动、维护社会规范的"信念储蓄库"。同时,生活世界又是在交往活动的实践中形成的,生活世界和交往活动之间是一种互动关系,是一种辩证关系。

的，要重塑民主制度，要保护生活世界。而我们现在真的到了好像没有什么可保护的时代了，因为整个生活世界内部就是一个盲盒，是非理性的。与非理性相对的，是西方哲学的理性，是说作为一个主体可以去理解，可以去把握，可以想办法改变，可以讨论，合理或者不合理，是可以做一个基本判断的。而到了盲盒时代，非理性主义成为生活世界的主要部分。

这应该怎么样去理解呢？如果我们的任务不是保护生活世界，而是要完全重塑一个生活世界，要从哪里开始？当然，我们觉得看见陌生人很重要，那么怎么继续推进这件事情？真心希望大家一起来参与，因为我们需要很多具体的实践，要交流经验，然后再去总结，不断地去推进。

何袜皮 _ 刚刚说到未知和恐惧，我就想到，人最害怕的可能还是自己不太了解的东西。在你看不见的地方，你只能用想象去填补，这个想象通常又来自你的个体经验和社会经验的总和。

但是很多突发事件、案件，也形成了社会经验，好的坏的，都是经验的一部分。可能就像项老师刚刚说的，盲盒其实是打断了一种经验的、理性的东西，它有一种随机性。

我觉得城市生活，有一大部分就是要去找回一种标准化、专业化的秩序，或者说不让它成为一个很随机的模式。像刚刚说到的保安证，好多年前就有了，要求从事保安工作的人都要考证，但现实中有各种方法去规避。而且理论上每个保安被雇用、离职的时候都要向公安机关报备，要采集指纹，等等，这些方法和规则都是为了降低盲盒式生活的风险。但是它总归不能替代像项飙老师说的那种生态化的情况下，形成的经验所带来的信任感，或者说安全感。虽然到了一种陌生化的时空，安全感可以被我们用一种秩序化的、标准化的程序来重建，但是其实每一个突发事件依然会在我们的想象中被放大，打破原本就脆弱的安全感和信任感。

段志鹏 _ 对，在非常不可知的状况下，怎么样去重新建立一种生活策略呢？

有两个路径。一个路径是增强对生活的控制感，刚才袜皮提到的社会的职业化、规范化、流程化，起码让我们生活中的很多事情变得可预期。另外一个就是增强信任感。之前我们聊到恐惧和想象力之间的关系。有时在一场变故里，当事人是冷静的，但观察的人产生了很多恐惧。要克服对于想象的恐惧，需要松开双手生活，降低一些控制感。或许需要给自己机会去检验自己的想象，去重新不断评价自己的猜测？我现在没法说清楚这二者的关系，但我觉得这是很值得思考的问题。

最后，项飙老师，袜皮，你们还有什么想要说的吗？

项飙 _ 我其实很想就刚才的话题看到更多朋友们的反馈。比方说接受、面对和放弃的关系，不接受事实是不现实的，但是有的时候接受又意味着一种放弃。放弃式接受会导致胶囊化，即通过自我封闭来保证个体的岁月静好，以制造一种安全感。这可以回到我们应该如何构造日常生活的问题，对什么东西要切割，对什么东西不要切割。

何袜皮 _ 我想说的是，对于让你恐惧的事情或者人，可以尝试着了解更多。当你了解得更多，可能会发现他们和你想象的很不一样。也许你所恐惧的结果只是一个想象的结果，有很大概率不会真的发生。

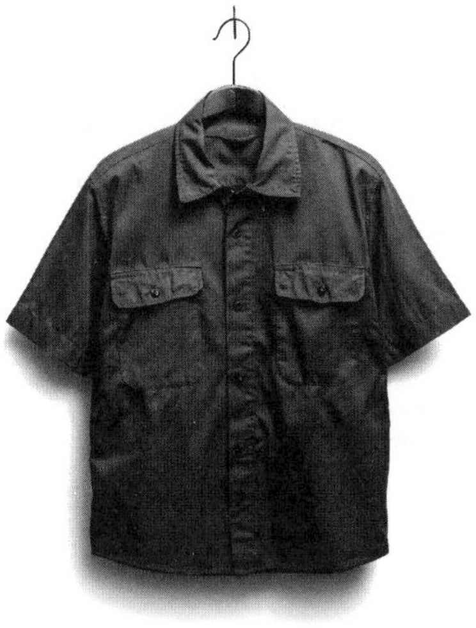

第三章

在流水线上没有历史，做杀马特才有

项飙对话纪录片导演李一凡

项飙：

<u>在一定意义上，他（杀马特）的策略也是自我陌生化，他把自己弄成一个非常扎眼的形象，要出去"晒"，要出去"炸街"。他说好孩子会被欺负，把自己搞成一个坏孩子的形象就不会被欺负。头发立起来，心里觉得很安全。这是要把自己变成主流社会眼中的一个陌生者，不仅是匿名的陌生者，还是一个异样的陌生者，以此获得自己的一种认可、一种认同、一种自信。</u>

李一凡：

<u>他们（杀马特）会说"雁过留声，人过留名"。他们对于自己存在的意义很焦虑，我觉得他们是从身体开始，对社会、对时代、对个人处境绝望的。其实他们的希望可能是更虚妄的，比如历史感，在这个问题上我觉得反而他们有时候更像知识分子。所以，我们还是没有真正地理解他们。</u>

本场对话将以一种崭新的、纪录片的视角，讨论如何和陌生人建立联系，以及在拍摄过程中与陌生人的关系会怎样发展。

艺术家、纪录片导演李一凡拍摄的纪录片《杀马特我爱你》在 2019 年 12 月上映，并且引发热烈的社会讨论。为了拍摄这部纪录片，李一凡和他的团队在广东、贵州、云南等地对许多的杀马特青年进行采访观察。李一凡的纪录片，长期关注中国乡村县城人的生存境况。例如 2005 年的纪录片《淹没》记录了三峡工程开启过程中，奉节老县城搬迁和消失的过程以及后来人们的情况。

问题先从为什么会拍《杀马特我爱你》这样一部纪录片开始。

为什么拍摄杀马特

李一凡_ 大概在 2010 年、2011 年前后，艺术被美术馆体制控制了展示表达的权利，也被资本决定了价格，所有人都觉得艺术几乎只有一种模式了，我们对这种状况感到很不满意。我当时正好在重庆做一种像社会参与式的艺术项目"外省青年"，形式是一些年轻的艺术家到社会中去，到日常生活中去，到任何自己觉得有意思的地方去，到能够和社会、和其他人产生交集的地方去做一些事，大家都来围观。

当时做这个项目，我们有几个概念：

第一个概念叫"肉身经验"。以前的艺术都是来自书本，来自各种大师，他们教我们怎么画，怎么观看。但这次我们强调"肉身经验"很重要，这种体验不是来自传统的知识系统。虽然知识系统是必需的，但只有知识系统是不够的。

第二个概念叫"文化自治"。我们决定我们的价值要由自己说了算，这是我们当时最重要的一个主题。我们在不断地谈，在每张海报上面都有"自我定义"的概念。

在这个项目期间，有一个朋友给我拿了一堆图片来，全是杀马特的，我从来没见过，特别激动，感觉这些人特别厉害，特别喜欢自黑，敢拿自己开涮。

我这个朋友是记者，他的社会接触面比我广。当时根据他的判断，这些是出生于小城市或者农村，读了三本或者民办大专，在城里觉得没什么意思，自黑着玩的一群人。一开始我觉得他们能够自黑，至少说明对自己是有某种自信的，正好跟"自我定义""文化自治"特别相关。我觉得已经有人走在我们前面了，"文化自治"已经有人在做了，只是我们看不见，我们不懂人家的"文化自治"而已。

在第一个阶段，我是完全从这个角度开始理解杀马特的。

自黑不是杀马特

段志鹏 _ 李老师，你说的"自黑"是什么意思？

李一凡 _ 我们在网上看到的大部分关于杀马特的视频、歌曲、内容都是嘲笑杀马特的，都是自己开自己的玩笑，拿来给大家取笑的。但很久以后我们才发现，其实当时流行的嘲笑杀马特洗剪吹之类的歌，真正的杀马特从来不唱，没有一个杀马特喜欢这些东西。

段志鹏 _ 所以在这个层面上，他们不完全处于一个自己黑自己的状态？我理解的自黑，可能指的是自我嘲讽，自己制作视频，但你刚才说，其实在网上，他们是一直被黑的。

李一凡 _ 我这部片子里很重要的一个点是"自黑不是杀马特"，这也是杀马特告诉我的。我们在网络上看到的所有自黑的"杀马特"，其实不是真的杀马特，是别人在玩杀马特。我们看见的是拿着杀马特来开玩笑的这一部分人，或者是被他们转述过的杀马特。

我碰见的杀马特大概有几百个，各种各样的，真正接受我们采访的有七八十个人。每一个人都跟我说，自黑的不是杀马特，这跟我一开始以为的"文化自治"是完全不一样的。

段志鹏 _ 你是怎么接触到第一个杀马特的？

李一凡 _ 从大概 2011 年、2012 年起，我就广泛地发消息，说要找杀马特，我的学生帮我在 QQ 群里边找，我也让我各种各样的朋友去找，但一直都没有成功。我后来差不多都放弃了，根本就找不着杀马特在哪里。

很多年以后，有一个杀马特跟我讲，他其实离我家就几公里远，而且在深圳、东莞，我的朋友们离大规模的杀马特群体也不到10公里，但他们也没见过。不进工厂区的时候，你是看不到那些人的。

直到 2016 年，我去深圳参加建筑双城双年展，做"六环比五环多一环"项目的对谈交流活动，这是一个艺术家对北京五环与六环之间进行的调查项目，艺术家用个人的方式、用身体丈量北京五六环之间的村庄。在活动期间，突然有一个朋友跟我说他认识罗福兴，一个杀马特，就这么开始了。

我认识所有的杀马特都是从罗福兴开始的，在此之前，我没有在线下见过一个真正的杀马特。

杀马特是个家族，是个意义空间

段志鹏 _ 想要进入这个群体，跟他们接触，真的是一件挺困难的事情。

项老师，你对于李老师拍摄的这部关于杀马特的纪录片有什么感受吗？

项飙 _ 刚才李老师讲，接触杀马特其实是从看到一种假的自黑形象开始的，别人借杀马特说杀马特自黑，后来他发现不是那么一回事儿。我对这一点的感触非常深。

这是中国社会一种借别人自嘲，又在自嘲时对别人进行打压的话语。一方面，社会不允许我们在竞争中失败。但另一方面，我们的失败话语又是非常普遍的，从最早的"屌丝""韭菜"到"打工人""搬砖人""牛马"……我也在思考，自称"屌丝""韭菜"的这些人，是真的在自嘲吗，是借用了一种别的形象在说别的什么？

可以看出我们对失败的处理是非常微妙的。

我觉得被别人包装起来的、自黑的杀马特背后，可能是这一系列非常有中国特色的失败与自嘲话语的一个开始。

所以我就很想问李老师两件事情：

第一，你通过这部纪录片跟他们互动，了解到的杀马特是什么样的？他们有没有自信？他们的自信有多少？他们有没有那种"我跟社会玩不了，我就跟自己玩一把"的成分？或者根本没有？还有你对他们的发型是怎么解读的？

第二，2011年前后"黑"杀马特的这些人，我们不知道是谁，他们"黑"杀马特究竟想告诉社会什么？我觉得他们的处境可能跟杀马特也不会差得特别多，他们为什么要借用杀马特这样的形象来拍视频？

李一凡 _ 第一个问题，我觉得杀马特作为个体是不够自信的，他们也不敢到与他们的群体距离很远的地方，比如说到城市中央去。很多地方他们不太去，个别的人去拍个视频、拍个照片是有的，但是基本上他们是不敢去熟悉的区域之外的。对城市这个陌生人社会，他们是很畏惧的。

杀马特最爱说的就是"杀马特是个家，是个家族"。实际上他们是在这种家族背景下，在大家都是同类的概念下，才有自信的。

哪怕这是他们自己制造的一个幻觉，一个意义空间，也只有在这儿，他们是自信的。但是在现实生活中，他们的自信是有问题的。所以我们即使离得那么近，也没有发现过杀马特。

第二个问题，攻击杀马特最厉害的其实是"屌丝"。推送的内容和我们关心的内容被数字化分割了，社会也把我们分割了，我们分成各种各样的、一团一团的人。所以我们也不知道杀马特在哪儿，杀马特其实也不知道这个社会到底在干什么。很多杀马特都跟我说，在 2008 年到 2013 年期间，他们都以为他们是天下第一大流行团体。

但他们后来发现了"李毅吧"，里面的人都自嘲为"屌丝"，好像比杀马特还多。他们本来是去"李毅吧"扩大影响的，结果进入之后，对他们真正的、广泛的攻击就开始了。

我也试图去理解"屌丝"当时的心态：这个时候发现了一群比他们还要生活得差，而且对现代城市生活的理解那么可笑的人，这群人就正好成了他们发泄的对象。杀马特更多地成为一个鄙视链的下端，连"屌丝"都拿他们寻开心。

杀马特自己其实不是这样认为的。他们非常地看重和热爱杀马特家族。对于发型，很多人心里甚至有那种神圣的、崇高的、像宗教信仰一样的东西存在。

杀马特和"屌丝"不一样

项飙 _ 从在社会经济或者城乡关系里的地位方面,李老师怎么描画出"屌丝"和杀马特这两个群体的不同?

李一凡 _ 我觉得杀马特是感觉彻底绝望,没有希望,直接躺平了。
　　第一拨躺平的其实是杀马特工人,他们早就已经觉得绝望了、没用了、无所谓了,那就换个地儿玩吧,最后一代了,有点这种感觉。那个时候的"屌丝"其实是没有绝望的,他们感觉不满,还在挣扎。给他一个机会,"屌丝"还会蹦跶。杀马特是很清楚自己没有机会的,他们没有文化,基本上是小学、初中一二年级毕业的,家庭背景几乎都是农村的。

项飙 _ 不好意思,这有点刺激到我。好像是罗福兴,在纪录片里,他很清楚地说:"我们玩不了车,玩不了房子,我们只能够玩头发。"当时我觉得这个叙述是完全成立的,但是现在我又想,他在说这些话的时候年纪已经稍微大一点了,这是事后叙述。进行时的杀马特,很多是十五六岁、十七八岁,你所说的无望或者绝望,是杀马特做出这种行为很重要的原因吗?二者是不是真的有一个因果关系呢?
　　我再插一句我这样问的原因。国际上的一些所谓青年逆文化,其实是在充满希望的情况下产生的,特别是在工人阶级中壮大的,比如 1960 年代西欧的反主流文化运动等。

所以是不是还有一个原因，其实他们处于懵懵懂懂的状态，他们觉得压抑，杀马特是他们对自我个性中很潜在的孤独的阐发？事后，我们把这些行为和一种无望联系起来。或者说，人们不是在无望的情况下，其实也完全可以那么做。

我不知道你怎么看，你在跟年轻的、进行时的杀马特的直接交流当中，怎么感受到他们的无望感？

李一凡 _ 最早的时候，杀马特还有一个更大的亚文化背景叫非主流，我觉得这就像项老师谈的逆文化。比如说小城、小镇青年和中二青年都喜欢非主流，非主流也玩头发、玩跳舞团、搞 QQ 空间，他们都差不多。

杀马特是从非主流中发展出来的一个家族，这个家族的特征是特别夸张，他们的诉求跟以前的非主流有些不同，玩法也不完全一样。

为什么杀马特这么夸张呢？一是他们打工时的年纪特别小，挣不了多少钱，还总被欺负；二是他们本身觉得这么干下去特别累，身体受不了；三是大部分杀马特是有一点文艺气质的，有一点个人意志，跟很多工人是不同的。他们不甘心在流水线上过一辈子，这是杀马特的一个特点，每个杀马特都有一点点特殊的东西。

最初是身体告诉他们干不动，他们受不了像他们的父母那样，为了赚钱回家修房子没日没夜地干。因为这些小孩在此之前没有干过真正的体力劳动，跟上一代的农民工是不一样的。他们在小学、中学时代都在上学，也没干过农活，而前一代的农民工从小就打猪草、打柴，帮着干各种农活。甚至他们那一代很多村小都并校了，他们不是在村小上的学，是到镇上去上的学。读到初中，他们可能突然发现上学没有意义，因为考不上大学，最后还得去打工。

在这么一个背景下，他们突然就被抛到城市里面，也不是在真正的城市里面，而是被抛到一个工厂区中。他们对于传统意义上的晋升道路普遍地不抱希望，大部分人就去赌博。所以在片子里边，我看见杀马特最喜欢穿的一件衣服，前面印着"何以解忧"，背上则是"唯有暴富"。他们不相信靠打工能够变得有钱，这是非常普遍的想法。一个十五六岁的小孩就知道"何以解忧？唯有暴富"。

实际上，我们后来看到的"三和大神"①这样一些人，很多都是因为赌博，赌到把身份证也抵押了，就只能靠日结过活。

而杀马特当中一部分比较文艺的人，还不太赌博，我碰见的人一个都不赌博。可能赌博的人就变成"三和大神"了，不赌博的、还在坚持的，后来就转向了拍短视频。

---

① "三和大神"是指聚集在深圳市龙华区三和人才市场附近，以打日结零工为生的边缘群体。他们大多是外来务工人员，以 90 后、00 后为主，由于学历低、技能缺乏，只能做一些工资日结的体力劳动，以极低的生活成本维持生计。"三和大神"们的生活方式极具争议，他们崇尚"做一天，玩三天"的生活模式，工作时挑肥拣瘦，且要求来钱快、活轻松。他们沉迷网络，常在网吧消磨时间，对生活缺乏长远规划。这种状态被外界调侃为"躺平"，也有人认为这是他们对生活的一种"破罐破摔"。"三和大神"群体的出现，是多种社会因素交织的结果。他们中的许多人曾遭遇黑中介、黑厂的坑蒙拐骗，对现实社会产生失望，从而选择逃避。同时，三和地区低廉的生活成本也为他们提供了生存空间。这一群体的存在，引发了社会对边缘群体生存状态的关注和思考。——编者注

段志鹏 _ 我稍微补充一下背景。李老师说的"屌丝"和"李毅吧",是基于百度贴吧这个平台的表达,跟现在以微博或者微信为主阵地的表达不一样,二者的网络语言环境是很不一样的。

我们现在知道了一些类似"躺平"的词。在百度贴吧盛行的年代,即差不多 2010 年到 2015 年左右,甚至更早的 2000 年左右,其实并没有"躺平"这个词,也并没有"内卷"这种概念,更多的是在李老师提到的"屌丝"和"劲舞团"[①]这样的语境中的表达。杀马特能把"屌丝"和"躺平"连起来,是很有意思的事情,杀马特和"躺平"青年还是有点差别的。

李老师提到的杀马特的"躺平"更加绝望,是因为他们身体上和心理上都承受不了这种环境。感知到了不可持续性,然后他们有了"我干不下去了,我不行了,我要跑路了"的抉择。

李一凡 _ 我插一句,我们平时说的"躺平",其实有一种主动的放弃。杀马特家族中的大部分人还是想选择所谓的正能量的,心态也是主动的,只是身体承受不了了。

[①]《劲舞团》是起源于韩国漫画 Audition 的一款游戏。它凭借着对音乐以及舞蹈的完美结合,深得广大玩家喜欢。首批吸引到的玩家大多为女性,以及杀马特文化爱好者。《劲舞团》偏向"社交"题材发展后,更加受到当代年轻男女的喜爱。但自 2006 年后,一些有关青少年玩《劲舞团》早恋甚至堕胎的新闻不断,因此《劲舞团》被推向舆论风口。2008 年,一名网友因玩不了《劲舞团》辱骂四川地震灾区人民,相关视频在网络上传播后彻底引爆家长们长期以来的不满以及舆论声讨,后《劲舞团》逐渐没落。

暴富、抱负、报复

项飙＿我觉得这里面的意义非常丰富，比如怎么理解杀马特的这种绝望？直观的绝望感是身体告诉他的，但是他又有梦想，起码还期待"唯有暴富"。所以我就想到三个同音词：一夜之间"暴富"；我们原来一直鼓励年轻人应该有理想、有"抱负"；现在有很多对社会的"报复"行为。

从最早的理想"抱负"，到"暴富"的梦想，然后到"报复"行为，都是值得思考的。对于底层、对于挣扎中的人来讲，很难有那种真正决绝的绝望。真正的绝望是对这个体系有很清晰的认识，自己大步走开，还有可能因此找到一个新世界。然而底层的绝望不是这样的，他们觉得没有希望，但还有梦想，只是实现不了。

"屌丝"和杀马特的视频制作其实给我们提供了一个关于底层的绝望的案例。这种虚幻的梦想，对自我的定位是否定的，自己也看不起自己，但是又想做一种自我宣言。

我看了纪录片很有感触，你特别强调了工厂工作，因为看起来工厂工作跟杀马特的发型没有直接关系，但是你的纪录片就显示了，二者不仅有直接关系，而且几乎是有主要关系的。头发立起来，就是要反工厂体制。纪录片里提到很多人为了保护头发，不想进工厂，因为进工厂就要剪头发，他们不能够接受，对此我非常有感触。

另外我还有点好奇，纪录片里对他们晚上在哪里睡等生活细节没有涉及，我 1994 年在东莞清溪做民工调查时，那时的民工是有集体宿舍的。

李一凡 _ 清溪也是杀马特的大本营。

项飙 _ 是吗？我们以前在那里的时候肯定还不是，当时所有的工厂都还是军事化管理的。我们做调查的时候，就模模糊糊地意识到，宿舍是一个非常重要的地方。

我那个时候（1994 年）跟我们调查的民工年龄差不多大，对有的东西也不敏感，但是他们能告诉我一些事情，比如宿舍是一个矛盾出现最集中的地方，这里产生的矛盾比车间里产生的矛盾还要多。矛盾的产生还有性别差异，至少从我们访谈的过程来看，打工妹宿舍的矛盾比打工仔宿舍的还要多。打工仔经常是在车间或者出去吃饭的时候会闹矛盾，打工妹的矛盾经常是在宿舍发生的，比如由早上用厕所、洗头不洗头等问题引发。宿舍里的矛盾往往成为他们不断跳槽的原因。对于这一点，后来我们也分析过，因为没有一种机制能够解决工友之间的最微小的矛盾，唯一的办法就是跳槽，所以他们就会有高度的流动性，永远无法获得稳定的友情，更不要说能够共同行动。

我们那时候还没有注意到，直到后来才发现，宿舍或者城中村里的民工和民工之间基本上是没有来往的。这非常奇怪，不仅是民工，还有一些大学生、青年公寓里的人也是这样。他们共用厕所，共用厨房,相互之间却仅仅知道名字而已,这肯定也是人类历史上不太多见的现象了。他们完全是在一个私密空间里面的陌生人,刻意维持着陌生关系。这里涉及陌生化的问题,陌生和陌生化之间是有区别的,陌生化是刻意的。

我想问一下李老师,我知道你有一个原则,就是不进入私密空间,那么是不是这个原因,纪录片里没有出现宿舍的情况?我很好奇,他们顶着那样的头发睡觉,在那么拥挤的宿舍里如何生活?舍友之间的关系对他们的自我意识是不是也有影响?

难以进入的宿舍

李一凡_第一,我们去拍摄这些杀马特的时候,就发现要进到工厂、宿舍是很困难的。因为管理的需要,工厂不许外人私自进入,进去看看是可以想办法做到的,但是要去拍摄几乎做不到。

第二,大部分杀马特不住在工厂,而是在外租一个小房子单独住。在工厂区租房比较便宜,选择租房的人很多。

第三,我也去富士康的宿舍看过,一般 6 个人住一间屋,有人回去睡觉的时候,另外一拨人就要去上班了,彼此之间没有交集。

第四,很多杀马特跟我说,比如来自一个村的 5 个人一起来报名打工时,这个工厂一定会把这 5 个人分在不同的车间或者不同的班次,因为工厂怕他们在一起有可能会闹事。

我觉得还有一个更重要的原因是,今天大家在网络上的沟通更多，处在自己的信息茧房里，只跟家人、老乡聊，剩下的时间要打游戏、睡觉，觉得没有必要跟周边的人发生太多的关系。我当时用手机拍了一个镜头，一两千个准备上工的工人就只干一件事——看手机，互相之间都不交谈。

我们以前总想去拍上下班的洪流，但现在不是这样的。工人是15分钟进去一拨，15分钟出来一拨，全部都分得特别清楚。所以看着可能有一两千人，过一会儿这几个人进去了，过一会儿那几个进去了，所有人都在看手机。我觉得杀马特彼此不认识也很正常，他们之间的连接是在手机上的。

甚至我跟罗福兴认识之后才知道，他都没有一个线下的杀马特朋友，朋友全部都在网上。罗福兴大部分时候就躺在床上看手机，只要不上班，就什么也不做，只是吃饭、看手机。我觉得这也是今天在现实生活中连接变少的一个原因。

在工厂集中的地区，比如东莞清溪，还有一些杀马特聚集点，在那里杀马特之间的连接多一些。在日常生活中，他们的头发只是比较长。而在周末、过节这种需要仪式感、要出去"晒"的时候，他们会把头发弄得立起来。像在东莞的石排、清溪等地方，逢年过节，他们还会组织很多线下的活动。

段志鹏＿还挺巧的，项老师和李老师在同一个地方、不同的时间做过类似的调查，尽管采用的是不一样的方法。我们可以从中看到一些变化。其中一个变化，就是项老师当时发现宿舍是一个重要的产生矛盾、直接交流的场所，而李老师在 2010 年左右去的时候，这个场所变成更加分散的状态，在某种情况下直接消解了在宿舍中产生矛盾的可能。

陌生和陌生化的区别

项飙 ＿ 我就顺着志鹏说的再提两点。一是宿舍完全成为一个只是睡觉的空间，人们在这里没有交集，这在以前我的调查中就能够看出苗头，现在就更加明显。二是李老师说的上下班的场景，我们以前是没有看到的，没有到那个程度。现在可能是因为流水线的普及，各种各样的管理手段、技术手段的运用，就没有集体进厂或者集体下班的场景了。我们可以认为这是分配式的，所有的东西，包括人被均匀地分配到一个最"合理"的状态，在特定的时间干特定的事。

这就让我想起我在看李老师的纪录片时想到的一个概念，就是陌生化。关于陌生化，我简单讲几点。

第一，陌生化作为一种持续性的安排而存在。简单地讲，这样的宿舍体制、上下班的安排，都是一种人为的安排和努力，它使得人和人的交集最小化。所以人和人之间的关系不仅仅是距离上的陌生、相互匿名，还是用一种刻意的行为去保持陌生。

第二，我想到的陌生化，跟英语中的异化有关系。我还在想，我们为什么没有异化这个概念，我也一下子想不到别的概念来描述这些杀马特在工厂里面的感觉。工厂对他们来讲当然很熟悉，就是流水线作业，但在纪录片里的这些工人即使到了工厂门口也不想进去，饿着肚子都不想。这种意义上的陌生化是指什么？某个对象跟你不仅没有关系，你不能够认识到它的意义，而且它会反过来对你产生强大的压迫感和扭曲感。我觉得异化意义上的陌生化目前正变得越来越严重。

第三，有意思的是，面临这样一种陌生化，杀马特们在干什么？在一定意义上，他们的策略也是自我陌生化，他把自己弄成一个非常扎眼的形象，要出去"晒"，要出去"炸街"。纪录片里令我很感动的一点是，他说这样做的首要动机是，好孩子会被欺负，把自己搞成一个坏孩子的形象就不会被欺负。头发立起来，心里觉得很安全。这是要把自己变成主流社会眼中的一个陌生者，不仅是匿名的陌生者，还是一个异样的陌生者，以此获得自己的一种认可、一种认同、一种自信。李老师讲到杀马特有这种仪式感，有很强的社会属性在里头，他们有家族，到了街上能够互相认得。他的自我陌生化是一种应对策略。

还有一点，我记得是一个男孩子在纪录片里说的，他说他做杀马特的时候录了一段自己跳舞的视频，他去看视频的时候根本认不出来那是他自己，而那个他对自己来说才是最舒服的、最放松的。他把自己变成了一个对自己来讲完全的陌生者。

中国社会现在的总体情况是第一种意义上的陌生化，通过各种非集体化、分散化，形成一种要保持陌生关系的状态。这其实是一种匿名化：人和人之间不要发生联系，彼此不要认识，不要一起干什么事情，全部都匿名化、原子化，每一个原子直接被吸纳到一个系统里面，系统跟原子直接对应，原子和原子不要来往。这个意义上的陌生人是一种匿名化、散沙化或者原子化。

匿名化其实是一种统治技术。但是从文化心态上看，社会中又有一种倾向，就是陌生化不仅是匿名化，还是一种异类化、标签化。比方说杀马特在自黑的那个阶段就不再是一个匿名的人了，会形成一个标签，形成标签以后会被强加各种各样的含义。这个逻辑也是值得关注的，我们怎么把一些原来不认识的人、匿名的人贴上标签，赋予各种意义，这不仅是简单的不了解、无知或者歧视，背后的心理机制是复杂的。

关于这一点，我很想听李老师和杀马特自己的看法。有人说你拍了"杀马特史"，你不同意，你说你拍的是他们的精神史、个人生活史，不仅是杀马特，还是整个90后农民工。我完全同意，你的作品的历史感是非常强的。你一开始碰到杀马特，觉得他们是在自黑，后来发现他们也不是要对社会宣告什么，就是要自己给自己搞一点看得见的东西而已。然后他们被污名化、被打击，消失，所以才会怕成那样，那些害怕也是很令人震惊的。2017年，在快手上，他们突然可以赚很多钱，他们的态度是含糊的，觉得有一个赚钱的机会也不错，别的人、同家族的人也会打赏、支持。但同时他们也知道这已经不是原来的杀马特了，他们开始跳舞、表演，有的时候不得不自黑，比方在泥浆里打滚，把自己放倒在水泥里，等等,以获得平台上的赞赏。

我觉得很有意思的是,2017年可以付费观赏的杀马特和2013年自黑、被打击的杀马特都是标签化的。怎么理解两种杀马特的不一致?他们在快手上突然走红,好像昙花一现,很多人做不下去了,只有个别的还在做。李老师,对快手上的杀马特,你怎么看?他们自己又怎么看?

快手上的杀马特

李一凡_2013年左右那些黑杀马特的人,我了解不多,但是我知道那个时候其实没有太多的直接经济利益,更多的人是为了获得一种成就感,他们成了大V,骂了人自己觉得很爽。到了2016年、2017年快手有打赏功能以后,杀马特内部有两种看法。一种认为在快手上戴假发的杀马特都不是真正的杀马特,杀马特是有"原教旨"的。但另外一种看法认为,不管怎么样,他们做这些就是热爱杀马特、喜欢杀马特、宣传杀马特的。杀马特还在,这就很了不起。其实打赏的人大部分以前也是杀马特。我甚至碰见过一个小孩,一个月工资才3000多元,但花了5000元钱来打赏他喜欢的杀马特。

我们有时候会错误地以为杀马特这些人纯粹像动物一样去表达自己,这其实是不懂他们。其中有一个杀马特跟我说过一句话,我印象特别深刻,他说在流水线上是没有历史的,只有做杀马特才是有历史的。他们会说"雁过留声，人过留名"。他们对于自己存在的意义很焦虑，我觉得他们是从身体开始，对社会、对时代、对个人处境绝望的。其实他们的希望可能是更虚妄的，比如历史感，在这个问题上我觉得他们反而更像知识分子。所以，我们还是没有真正地理解他们。有一些杀马特做直播也不完全是为了钱。

我倒是觉得近一两年的杀马特有点变化。罗福兴当时问我他以后怎么办，我说你做直播挣点钱，因为生存问题是个很现实的问题，做直播会比你进工厂打工或者做理发工作的收入高很多。他当时特别反感这件事情，他不愿意做，觉得这是把他积累了那么多年的形象突然卖掉，他接受不了，但现在他也在一个公司做直播了，靠直播挣钱养活自己。我觉得这两年直播成了一种生存手段。我在大学的一个学生，还是班长，我跟他讲以后要当艺术家，他觉得这是很虚妄的。他说他在做流量而不是做网红，做流量是一项事业，与做网红完全不同。杀马特中也有持这种观点做直播的人。

项飙 _ 李老师，根据你的经验，快手上的哪类片子获得的打赏多？快手的观看者要看的是什么东西？我不知道他们是有一种共情，还是在远距离猎奇，抑或是带着优越感在俯视？

李一凡 _ 纪录片《杀马特我爱你》的观看量还是很大的。但是真正看纪录片或者聊这个的人，绝大部分是城市的大学生。有一部分杀马特看后觉得特别开心，也非常感动，但是有一些杀马特就觉得没有什么好说的,一点都不惊奇。在成都时代美术馆第一次放这部纪录片的时候,有一个杀马特看了 40 分钟就出来了,我问他为啥不看了,他说看着自己太悲惨了,看不下去。更多的能够共情的人,我觉得是那些来自四、五线小城市又在北京、上海等大城市读过大学的人,这样一些人在大学毕业以后既没有办法回到老家,又无法在大城市里立足,其实他们不是说要"躺平",但是至少怀才不遇,所以他们的感触和反应是最强烈的。

项飙 _ 李老师,你说的这些对我非常重要,你回答了一个我想问但还没有问的问题。我刚才没有讲清楚,我是在想杀马特的快手化究竟意味着什么,杀马特在快手上成为另外一个标签、标志、形象,你对于这点是怎么看的?观看者是在一个鄙视链上端的形象吗?大家在快手上直接去看杀马特自己拍的那些短片,是因为有一种共情吗?

李一凡 _ 2022 年我跟罗福兴一起到广西看了他们在快手上的第二大网红群体,这是在农村拍短视频、做直播的一个群体,有十来个人,住在广西南宁与来宾交界的一个村里边。我们到的时候,他们开着跑车来接,在农村的地里跑得飞快。那里还是以前农村的破屋子,里边乱七八糟,配置了一些花里胡哨的电脑。他们其实很有钱,但是会乱花。他们也拍很多别的视频,但已经跟杀马特没什么关系了,比如他们是壮族,就在视频里模仿刘三姐对歌。今天杀马特的这种自黑、恶搞已经成为网络直播吸引眼球、做流量、赚钱的一个普遍方法。最早我们以为的网络自黑是其他人黑杀马特，但今天的自黑完全是另外一回事，杀马特也很清楚这点，他们也开始利用自黑赚钱。

那帮广西小孩以前就是杀马特，但他们今天做的事情跟杀马特已经没有任何关系了，也不玩头发了，而是在玩农村哏。我在贵州拍杀马特的时候，就碰见过一个有600万粉丝的前杀马特，他在一处非常偏僻的山区里拍视频，尽管如此，还是有很多杀马特找他学习拍"正能量搞笑视频"，当然这种学习也是要付费的。目前网络上还自称杀马特的，已经和以前我去拍摄时见到的完全不同了。

每个人都有自己的急迫

段志鹏 _ 关于自黑，一开始我会觉得他们可能不是在自黑，但是聊到最后，发现在今天这个状况下，他们反而又真的开始了自黑，这也跟互联网的发展变化有关。

比如说刚才提到的"屌丝""韭菜""非主流"，都是早期的互联网概念，某种情况下是网民们懵懵懂懂地去给别人进行分类，也是他们对于这个社会怎么运作的一种理解。直到现在，这种情况不断延伸，标签已经越来越丰富，越来越深入。比如"屌丝"的概念是随着贴吧生长的，贴吧没落后，基本没有人在用了，反而出现了更多的网络词汇，这些网络词汇是当下社会继续深入理解其他人，给其他人下定义的一些概念。我觉得如果能够把这个发展状态连起来看，是很有意思的事情。

沿着项老师问到的快手化问题，我想问李老师一个问题。你拍纪录片，也是以影像资料作为传递信息的方式。你觉得，同样是关于杀马特的视频，你拍的和杀马特自己拍的，为什么产生两种不同的反馈？你的视频能够引发反思，而他们的视频要么陷入一种自嘲，要么就是通过自黑来赚取流量，这两者的区别在哪里？

李一凡 _ 其实我们一开始跟杀马特说拍纪录片的时候，大部分杀马特都不知道纪录片是什么，他们听不懂。罗福兴就帮我翻译，他说纪录片就是长视频，他们才懂。他们没有专门看过纪录片，也没有这方面的知识。今天东莞石排也有电影院，我问过很多杀马特有没有去看过，他们说，为什么要花钱娱乐？手机上面不可以娱乐吗？买张大王卡，19元钱，什么都可以玩。所以他们对于纪录片、所谓长视频这种事情，其实不太了解。我觉得他们有自己更急迫的事情。因为每个人的处境不同，比如罗福兴，我是很支持他去做直播的，我没有说他应该跟我们一起来学习，成为一个艺术家，跟我一起做纪录片或者怎么样，我觉得每个人有每个人的任务，或者说他有他的急迫。

我讲两个故事，关于什么叫每个人有每个人的急迫。

我有一个学生，他是2004级的，毕业于2008年，当年就有画廊想与他签约，给了他10万元。其实当时10万元也不少，但他犹豫了一个月,把钱退了。从此我就看见他永远在街上跑,就一直在做生意、做装修、画壁画……我很不理解他的选择。好多年以后,他生意做得还不错,也买了房子,买了车,有了老婆孩子。有天酒后他就跟我讲他是怎么来上学的。他高考考得非常好,好像是江西省的前几名。高考完,他就到广州的一家有名的美国牙膏公司装牙膏去了。他走的时候,他妈妈跟他说收到录取通知书就回来,收不到就继续装牙膏,这一辈子就装牙膏。

两个月以后,他收到录取通知书,回到村里。2004年的时候,四川美术学院油画系一年的学费是15 000元,另外加1800元的住宿费,就是16 800元。但他打工挣的钱加上他们家的存款只有两三千元,他们家杀了两头猪,请全村跟他一个姓的人在祠堂里吃"上学饭",收了将近1万元礼钱,他说连一张50元的都没有。他妈妈又回娘家跟三个舅舅去借,一人借了2000元,16 800元才这么凑齐了。当他入学的时候,他爸爸给他买了一部最便宜的手机,之后就回去了。他那会儿经常缺课,后来我才知道他是要扫厕所,要勤工俭学。他当时的那种紧迫感跟我们是不同的。

另一个故事就是,我在拍《乡村档案》的时候,村里的老会计总是向我夸赞他的儿子,说他儿子读过大专,在重庆的一个摩配企业里工作,一个月有5000元的工资,将来会在万州给他们买房子,他的儿子成为全村的骄傲。这些也是他儿子的急迫,他的任务跟我们也不一样。

像我们有些人从小虽然也没吃多少肉,但也没被饿着,父母也从来没跟我们说，要挣钱回来养他们，只会问我们挣的钱够不够花。我觉得我们这些城市青年或者知识分子里有相当一部分人是没有像我的那个学生或者老会计的儿子面临的那种压力的，所以我们才可以更多地把我们的思想放到对外部世界的关注上。

像罗福兴的妈妈在外面给人做保洁的时候，因为疫情，她的收入就只有过往的一半，罗福兴却很得意，因为他现在有能力给妈妈钱花了，这是他的处境。

可能在我的处境里，我看见周围的一些知识分子，常年考据，从不实证，这事让我心烦，是我的急迫。我觉得在当今中国，要想把事情搞清楚，必须先实证。所以在拍杀马特之前，拍外省青年的时候，我们提倡肉身经验，当时还提出一个口号叫作"反对二手经验"，因为很多人的经验全是二手、三手，甚至不知多少手的经验。

所以我去拍杀马特的时候带着这种急迫，在我的处境里，要去做这件事情，所以我拍的视频肯定跟他们的不一样，而且我拍的内容对知识分子做研究是有用的。我觉得这跟处境非常有关系，如果我们不理解杀马特的处境，看见一个杀马特，一定会觉得他很奇怪，把头发弄成这样怎么睡觉呢？但当你走近他们，试着理解他们的处境，你才会相信他们不是在发神经，对他们的评价也会完全不一样。

段志鹏 _ 李老师说得特别好，视频不仅仅关乎被拍摄者，还关乎拍摄者自己的处境。它既可以反映一种急迫的生存境况，还可以像你的纪录片一样，去回应一些当下的问题，这是一个很真诚的回答。

你刚才提到了"肉身经验"这个词，可以再解释一下吗？我觉得这可能跟我们怎么看见陌生人有关，像你刚才说的，需要一些实证的方法，而不是抽象地去看。

李一凡_ 比如拍杀马特的时候，我一开始的想法是，不需要一定待在东莞石排，我只要采访到这些人就可以了。但是后来发现，我必须待在石排，只有待在那里，才能切身体会到杀马特所处的环境：一望无际的工厂，随处都能闻到的机油味道，一天到晚的轰轰轰轰声。亲身体会的感觉是完全不一样的。

拍完工厂的部分，我还要去他们的家乡看看。我第一次去贵州、云南那些大山里是 1985 年，还在上四川美术学院附中的时候，老师带我们去做乡土绘画。2005 年我拍完《淹没》，准备拍《乡村档案》的时候，我又过去一次。但是又过了十年，我还是想去那里看看他们的家乡到底变了没有。这件事情的重要性在于，它让我真正懂得我所拍摄的各种各样、方方面面的素材的权重是什么样的。

比如在《杀马特我爱你》长片拍摄到一半左右的时候，因为要参加双年展的一个影像单元，我先剪辑了一个 22 分钟的短片，这个片子的重点是"审美的自由是一切自由的起点"。但是，我去过工厂和他们的家乡以后，最终剪辑出的片子中各种元素的权重就完全不是最初设想的那样了。比如在片子中，对工厂的呈现有很多特别机械的重复，是因为必须这么重复，才能表达我当时的感受。如果我没有去过工厂,我可能就一笔带过了,对工厂的拍摄肯定是很简单的。家乡的部分也是一样,如果我没有去过他们的家乡,我一定不会把留守儿童的部分剪出那么大的比例。因为我去过,在他们的家乡见到的就是一座新修的房子,几乎空空荡荡的屋内,一张床上,爷爷奶奶、孩子们都在刷着手机看视频。当我不是光听他们说,而是身处那个环境里,我也就自然改变了我作品中各种元素的权重。

所以我很强调这种肉身经验。到没到过现场?闻过味道没有?跟他们一起吃过饭吗?这种经验肯定是不同的。

段志鹏 _ 刚才李老师提到的一些场景,我觉得对我来说真的很难想象。比如你提到他们开着跑车在田野里飞驰,但是房子却很破这样一个场景。我会产生很多疑问,他如果有钱,为什么要把钱花在跑车上面,而不是让自己的居住环境更好一些?必须看到,才知道那究竟是什么样的复杂场景。

我发现你拍纪录片的时间跨度都是经年累月的,甚至不是以年为尺度的。我很想问,不拍摄时你在干什么?我想象一下,比如杀马特的工厂,它们太复杂了,你怎么去找到一个你觉得很有意思的地方呢?因为一旦被淹没在那个环境下,其实是没有重点的,重点是被提炼出来的。

李一凡 _ 像我们这一代,以前都是接受的精英教育,我上大学一年级的时候,碰见甘阳讲社会学,我一句都听不懂,但由于在北京上学，我可以跑到北师大或者北大听任何一位老师的课程，我们都是在这个背景下长大的。在艺术圈里，我们也可以跟最好的批评家胡吹海侃，在接受知识这方面，我们不缺乏途径。我觉得懂得这些知识系统，也是必需的，我们也看社会学和人类学的书，像1980年代末，我们就看《金枝》①。我是早就有判断能力的，但仅有这个判断能力也没法做事。

我觉得真正开始做事的时候是我要拍《淹没》的时候。在2000年前后，我回到重庆看到很多下岗工人，他们动不动就会堵住各条道路。此时我才开始真正地去体会现代化的代价，在一个个具体的人身上的代价，他为什么愿意付出这个代价，或者他为什么没有办法。我大学毕业就被分到了广州工作，日子过得很好。我们是1960年代生人，虽然饥饿或者贫穷是刻在骨子里的记忆，但这个社会怎么可能会饿死我这样的人？但我很快就知道了。

回到重庆，我看到土湾纺织工人区出现大量的下岗工人，包括我的亲戚一家五六口在一个厂一起下岗，这件事情对我的刺激很强烈，我发现这跟我的知识之间其实有很大的裂隙。可以说是出于好奇心，也可以说是因为亲身的经历跟我的知识之间出现了断裂，我的知识此时解释不了这些事情，我就觉得我得去搞清楚。后来我也意识到，知识生产不是在知识中间产生的，恰恰是在这些断裂处产

---

① 《金枝》是英国人类学家詹姆斯·乔治·弗雷泽创作的人类学著作，于1890年首次出版发行。《金枝》是研究巫术与原始习俗的著作。该书研究了原始宗教、神话、巫术、仪式和原始人的心理，从中考察原始人的个体主观活动，寻找宗教的源头。弗雷泽提出人类思想进化的一般发展过程图式：巫术阶段—宗教阶段—科学阶段。弗雷泽运用历史比较研究方法，系统整理了世界各民族原始信仰的资料，建立了一整套严严整整的体系。

生的。所以我就到那些地方，去判断、去感受。

就像我拍纪录片，我会先做一个小方案，因为没有方案是不知道拍什么的，但是这个方案可能每隔 10 天、20 天会被现实打破一次，然后我又要不断调整方案。因为现实不跟着计划走，我就不断地重新计划，不断地问我自己，我拍这个干吗，有什么意义，我是在不断的纠结中做事情。

段志鹏 _ 这点让我想到刘小东老师提到过的，他的观看其实一开始是需要依靠直觉的，什么是需要画的，要立马捕捉到。我觉得把这两种情况放在一起理解还挺有意思的，就是那种长期浸泡在里面，然后不断地去修正的一个过程。

杀马特和父辈的隔阂能化解吗

项飙 _ 我想总结一下我听了李老师讲的话的心得。

第一点是断裂，知识的断裂。很多年轻朋友，包括我自己，经常存在的一个很大的问题是看不到断裂，脑子被一些语言、一些所谓的理论灌满了，而不让肉身经验冲击自己。让肉身经验冲击自己，是一个不太愉快的经历，因为可能三观要受到一点震撼，所以人的本能是把肉眼看到的东西迅速驯化成自己原来认知的一部分，这是很容易做的。一切强大的、主流的知识，主流的话语，之所以主流，就是因为它有这个能力，有一套话语在那里就让我们很容易觉得岁月静好。所以我注意到断裂，像李老师刚才讲到的断裂不是能一次性弥补的。最有意思的是，断裂不是一条从表面上看到的缝，而是进去以后是一个无底洞，需要不断地去修正，但乐趣也来自这里。所以我们非常提倡看见陌生人，看看小区里的保安，看看早点铺里的人，等等。不要一次看完，要不断地去看。每次你会看到新的东西，跟你原来理解的可能不一样，这应该是一个很有趣味的过程。

第二点，李老师说的肉身经验，我觉得也很重要。如果我们不是真正地坐在工厂旁边，忍受长达8个小时的机器轰鸣，我们真的无法想象那是什么感受。当然，如果我们不去做研究，不拍纪录片，可能没有那样的条件去体验，但我觉得在理解陌生人的时候，至少可以去想象，那个人做那件事情时会是什么感受，得有个想象肉身。

刚才志鹏问道，李老师的作品和杀马特的自我表现为什么会不一样。我觉得这就源于第三点，李老师讲的处境。我们把他们的感受、他们的行动放到他们的处境下面，给观众提供一个场景。这不仅仅是一个场景，而是有它当时的背景、历史、周边环境。这就回到我们为什么强调附近，理解附近就是要理解这些事情是在什么样的处境下发生的。要先把具体的、近的场景抓住，再去做延展。就像李老师讲的，他回到老家看到的是什么样子，看了老家的房子一下子理解了修自行车的那个人的行为，对看见的附近有了一个新的理解。我非常感谢李老师，等于给我们做了一次示范。

我还有一个问题很想问李老师，因为整部纪录片有一条主线是工厂，辅线其实是家庭关系，最后纪录片是以家庭关系、他的留守身份、他与父母的关系结束的。我觉得这也很值得人思索，因为我们会想，下一代又会怎么样，社会会怎么样继续前行。我问一个比较"俗"的问题：这些杀马特青年慢慢到了父母的年纪，你觉得他们会不会产生跟父母所谓和解的意愿？或者你觉得不可能和解？有什么办法能让留守一代的伤痕慢慢愈合？

李一凡＿说实话，我也不知道。我觉得首先他们要慢慢理解自己父母那一代，比如杀马特有一句话：25岁以后不做杀马特。也有超过25岁还做杀马特的人，但凤毛麟角，属于那种特别执着的人。25岁为什么是一个特别重要的分界？因为工厂不招48岁以上的人，也就是说，他们的父母到了这个年龄就得回村了。父母回村后杀马特们就开始要担负养家的重任，甚至开始面临给父母养老的问题。

我认识的好几个杀马特都曾经说要回家，都希望小孩不要像自己那样在留守状态里成长，因此他们发誓要回家陪小孩成长。但是实际上好多人可能回去几个月或者一年以后就又出来打工。特别是在经济不太好的情况下，出来打工的人反而更多了。他们有时候在村里包个鱼塘，养个斗鸡，或者做点镇上、县里的零活儿，但都不成功。前两年农村还有一些建设项目，可以干点活，这两年这种活也少了，所以他们又回到东莞、浙江去找工作。

我觉得在这个过程中，他们会慢慢理解父母当年的选择。但他们和父母的情感培养不起来，因为他们小时候的情感是爷爷奶奶给的，他们对父母的信任、性格上的磨合、相互之间的亲密关系已经很难建立了。当他们到了父母的年龄，自己在外打工，把孩子放在家里的时候，他们被迫开始懂得父母当年的选择，但也仅此而已了。

段志鹏 _ 刚才项老师也提到，杀马特其实跟青春、年龄有很直接的关系。当这个年龄段过去，他的处境本身也会发生变化。我觉得20岁到30岁是一个成长与变老共同发生的阶段，这个年纪的人确实在经历着一个变老的过程。

知识与所处环境的断裂

项飙 _ 我很想知道李老师对实证研究有什么期望，能不能给我们一些具体的课题？

李一凡 _ 我其实也在摸索，也在克服多年形成的那种判断——查查书就够了。因为我们的当代艺术中，美学范式、观看方式、视觉范式基本上都是从西方过来的，还有包括翻译问题在内的许多问题造成了我们的误读。

我在艺术圈做了很多活动，就是在不断地强调艺术要进入社会。我们要去创造一点有意思的东西，不能变成一个完全被笼罩在知识系统里的人，一个人首先要形成自己的核心知识。我经常跟学生讲,你最后到底要干什么,这件事情是特别重要的。我不会仅仅看见某一段文字讲艺术该是什么样的就去相信,我才不相信那个。

我觉得我们的教育让我们太迷信书本知识了。所以许多人,学生也好,知识分子也好,不知道门口保安在干吗,也不知道卖菜的为啥要来卖菜。我住在一个城乡交界的地方,经常看见就那么一小块破地,有些老人非要去种地,还要去卖菜,也卖不了什么钱,为什么他要干这件事情?没有人去想这些问题,包括他自己。我问过他们好多人,发现他们种那块地是有意义的,这让他们觉得自己还没老,还有价值。我们以为他们是财迷,其实不是这样的。很多人不懂这样去思考,有时候就是想当然。

这是我一天到晚折腾的原因。不拍纪录片,我就去发起社会性的艺术运动。我举办了一场个人展览叫"抵抗幻觉",之所以起这个名字,是因为我从小在大学里长大,读大学也一路轻松,挣钱也没有累过,我这么一个顺利而无聊的人,如果光是读书,我觉得挺没意思的,总得发现点什么。

段志鹏 _ 沿着李老师说的知识跟我们所处环境的断裂这个话题继续展开。我也发现我理解不了我成长的环境,它对我来说是空白的,需要一些知识去解释。比如"屌丝"或者其他一些概念,里面潜藏着一些想要去理解周围的动力。当我的知识没办法告诉我这个人是什么样的时候,我总需要一个词去描述,这个词成了一种解读周围的方式,但是显然这个方式又走向了把人分类这样一种很简化的方向。

我在看李老师的纪录片《淹没》的时候，会设想假如我是要拍纪录片的人，被扔到那个环境里面，我到底要拍什么，要怎么去看那些人。一方面，我觉得这是纪录片宝贵的地方，它把一些细节留下来了，某种情况下唤醒了我的一些回忆，比如小时候跟着我爸一起去工厂要钱等；另一方面，我又能从中分析出来什么？这关乎下一个问题，关乎我们在日常生活中怎么去看到人。也想问一下李老师，你觉得浸泡在拍摄现场的看，和你在日常生活中的看，有一些区别吗？

到他们生活的现场去

李一凡 _ 拍《淹没》改变了我很多。我以前在美院给学生上电影课，教的知识就是电影知识，我知道蒙太奇是什么样的，该怎么剪，都是根据经典来讲。拍了《淹没》之后，我对人有了理解，再给学生上课的时候，包括日常生活、电影、当代艺术，各种知识我都可以贯穿起来讲了。前不久因为别人要拷个东西，我把《淹没》的带子拿出来又看了一下，前面五盘带子跟传统纪录片视角一模一样，到后来就变了，我印象特别深。拍摄的时候我是突然觉得不对的，以被习惯规训的视角去看，跟真正的日常生活体验完全不一样，所以后来我拍摄时违背了很多常规方法。比如把吊杆去掉，用话筒随机录音，因为有了吊杆人就变了，我宁愿牺牲声音也要保留人。比如说一开始晚上要打灯，后来也不打了，我宁愿看不清楚，也不要他们改变。这些改变都来自在现场慢慢熟悉和分析。

有一个学生曾经来找我,说他把摄像机拍坏了,他一天拍了 8 个小时的素材。我告诉他,我拍《淹没》的时候,300 天只拍了 143 个小时的素材,每天拍不到半个小时的素材。其实我每天早出晚归,但不是所有的时间都是以一个纪录片人的视角在拍摄,而是以一个生活在这里的平常人的视角在参与和观察。比如有个老头教我"掐指一算",我以前根本不懂为什么只掐这三根手指,原来是因为正好是九宫,在这个过程中,他会教我。

我一天要忙 12 个小时,只拍半个小时的素材,剩下的 11 个半小时都在跟他们一起玩。他们在哪里坐我就在哪里坐,他们的烟再不好我也能抽下去,他们的酒再难喝我也能喝下去。我们会谈对一些事情的看法,我就像一个生活在那里的人。我觉得,有同理心,相信他们选择的合理性,相信他们有自己的原因,这点特别重要。在那个过程里,我把作品中人的权重全部重新分配了一次,把我的知识体系重新装配了一次。没有那次的重新装配,我也不会变成现在这样。我去拍杀马特,也是建立在我对西南农村非常了解的基础上的。

2008 年我在 "798" 办过一次个展叫 "档案"。"档案" 里大部分的档案,是我当时复印的差不多 1 万份关于劳动争议和劳动伤害的卷宗,这也是肉身经验。有几年我跟周立太[①]很熟,一天到晚就

[①] 周立太,重庆周立太律师事务所主任,以专为弱势群体打官司为大众所知,据报道曾免费收留过 200 多名伤残民工。

聊这些事情。等我跟杀马特聊的时候，如果没有这些储备，我也无法跟他们交谈，或者会聊得很空洞。

段志鹏 _ 你回答了我之前的一个问题，就是在那个地方不工作的时候在干什么。好像分不清自己是在工作还是不在工作，这是一直把自己放在里面的一个过程。

我想到之前读项老师写的《跨越边界的社区》，里面有句话很打动我，大意是说没有什么很具体的方法去收集素材，而是在这里（"浙江村"）跟他们一起生活这么久，产生了一种对于这里的理解。我觉得这是很有启发性的。大多数人，不是纪录片导演，也不是学者，可能没有那么多时间去一个严谨的环境做一个调查，但是他在自己的生活里，也可以试着理解自己的生活。

李一凡 _ 对，我特别喜欢项老师"把自己作为方法"的提法，我就是把身体作为方法。

年轻人如何对自己的生活形成一套解释

项飙 _ 我觉得非常有启发。因为这些都不是推理出来的，是李老师用肉身行动积累起来的。志鹏你讲的，我觉得跟很多年轻朋友有关。每天发生那么多事情，包括怎么看一个陌生人，我们对于自己的生活应该能够形成一套解释。

我觉得最重要的是先不要分析，不要看有什么意义。生活最大的意义就是大部分时间是没有意义的，意义有的时候是靠很长时间的积淀形成的，经由各种各样的原因，最终会显出一种结果，那个结果，你可以认为它有意义。但现在要给它赋予意义，会扰乱你对它的理解。

在这一点上，我觉得纪录片、电影和民族志可能都对生活有启发。用直接观察法，先不要去分析。也像李老师讲的，我们的教育当中存在一个比较大的问题，就是让人觉得一切事情要马上就有意义，有意义才去看，而不是说先去看看，看出味道。我们不讲味道，只讲意义。

我看李老师的一次访谈，觉得很有意思。看新闻的时候，如果你把声音关掉，你就不知道这个新闻在讲什么。究竟这件事有什么好玩的？为什么它是新闻？为什么要现在播？只看一些图片，你是不知道答案的。只有把声音调出来，你才能听见播音员往往正以字正腔圆、充满激情、充满意义的声音给你讲述世界，所以你得到的世界是经专业播音人员包装出来的世界。这就是在嘲讽我们的一些交流手段，慢慢地让脑子变成了一个没有意义的东西，好像没有菜就下不了饭，没有盐就吃不了东西。如何培养那种开放的心态，看到人与人之间的温情，看到别人的纠结，看到生活中各种各样有趣的事情，我觉得是非常值得深思的。

我还想问李老师，刚才讲到理解、懂、直接观察，我就想到你提到双年展的22分钟杀马特视频，主题是"审美的自由是一切自由的起点"。现在看来,这好像不是一个审美自由的问题,甚至不是一个自由的问题。因为杀马特的审美不是一个自由的选择,是一个生命经验的直接反应,有的时候甚至不是完全有意识的反应。所以跟自由、审美都没有特别直接的关系。如果要你现在回头看,会把那句话改成什么?

李一凡＿ 没想过。因为我那个时候的点只落在杀马特不被允许这个层面,其实对他们是怎么变成杀马特的还没有充分思考过,而且审美自由部分地回到了文化自治的层面,有很多主观的东西在。开始的时候我没有深入理解,那个判断带有很多我自己的处境。现在我用一句话概括不出杀马特,他们挺复杂的。

项飙＿ 这也给了我们一个启发,有的时候其实了解得越少,文章越容易做,了解越多反而越难做。

李一凡＿ 是,所以在我的课上,我不会跟学生说该干什么、不该干什么,但我会不断地强调两件事情:一件就是所谓的深入现场,肉身体验;另外一件就是要由此调整自己的认识论,这不是本体论,也不是方法,方法是从认识里长出来的。当然,知识非常重要,那些前人的样板、经验都特别重要,起码对于有些问题不用每次都去重新概括,它一下就把你打通了,但你没有肉身体验的时候,会压根分不清既有经验对不对,也不知道权重如何分配。

拍杀马特的时候，我抛开了传统的叙事手法，因为我亲身感受到那些事情的时候，我就觉得只有这个表达方法是对的。我根本不管最后的成品是不是纪录片，是不是能在美术馆播出的影像，它是什么都不重要。我觉得这才是今天做学问、做艺术应有的态度。

为什么我们对生活的理解没有质感

项飙 _ 我想跟进一点，关于权重这个概念，我个人也有些心得。志鹏也提到，我们的知识和我们自己的生命经验往往有很大的隔阂，因为现代教育使得我们所谓的理性知识、书面知识跟自己身边真实的生活，像两个世界一样。

很重要的一点是，李老师刚才讲得很清楚，我们理解世界、理解生活往往不是通过推论，不是通过推理，逻辑其实是辅助性的工具。更重要的是对经验形成的总体的图景。正是因为图景的知识，才有权重的问题，你知道哪一个是主要矛盾，哪一个是次要矛盾。一件事情看起来好像很热闹，但在整个大的图景当中只占两成，你就给它 0.2 的权重，最后呈现出来的东西才会真实。

日常生活中，很多年轻的朋友对生活的理解没有质感，但他能说很多。没有质感，有时候说起来反而容易，因为他的逻辑链可以推演得很长，有很多框架。但是质感必须是经营式的，你看到它错综复杂地互相关联，不能够被绕昏了，需要有权重，有一种比较直观的判断，做出这个直观判断就是靠多看。所以要多看陌生人，多想自己，少做分析，多做叙述，把事情理清楚。我觉得好的知识可能到最后反映在文字上就是叙述，反映在影像上就是一个记录。

段志鹏 _ 谢谢李老师、项老师。在这一期，我们从杀马特开始，去看杀马特怎么构建他的附近，然后附近又消失掉，以及探讨怎么通过纪录片看人，最后回到在日常生活中怎么看人。

李一凡 _ 很可能别人会觉得我们的谈话有"爹味"，这些只是我们的经验、我们的认知而已。但是我还要说一句，我们强调的客观性和批判性意识是在每个人骨子里面的。

项飙 _ 我倒还没有意识到这可能是个潜在的问题。我觉得我自己的表述可能有点书卷气，但我觉得青年人是会欢迎我们的，因为这不是教化式而是分享式的讨论。谢谢李老师。

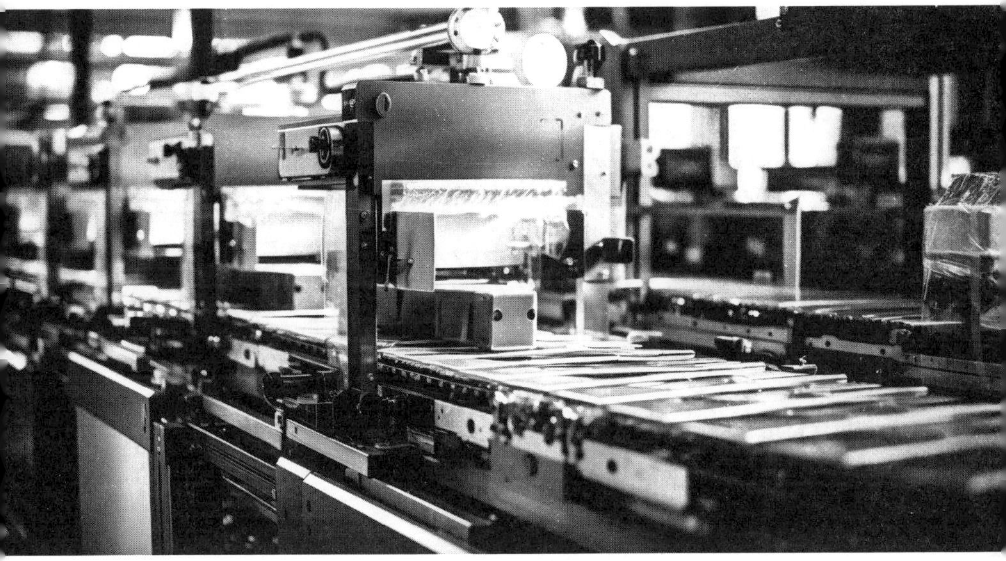

第四章

为什么陌生的花园会带给我们喜悦

项飙对话社区营造实践者刘悦来

项飙：
　　一听超大城市，如果你把它当作一个大的尺度的话，好像是挺吓人的，人就变得非常无力，会产生各种恐惧、害怕。但是如果你倒过来想，从身边"最初 500 米"的尺度开始，把不同尺度之间的关系想清楚，也许这与大家在日常生活中重新发现意义，过更加美好的生活，都是直接相关的。

刘悦来：
　　我们可能要去找到这样一种规律，慢慢地让更多的可能性从边界出发，逐渐地渗透。就像竹子的根或者藤蔓系统一样，慢慢地沿着脉络去生长，形成一个网络。这样就有若干的小变成了大，这个大就不再是空的了，就跟我们每个人都产生了关联。

之前几场对话的主题都是"如何看见陌生人",这一次,项飙将与同济大学建筑与城市规划学院副教授、博士生导师刘悦来,围绕"怎么跟陌生人一起做事情"展开对话。

刘悦来是一位有着丰富实践经验的学者,长期从事可持续景观规划和设计,以及社区花园与社区营造的教学研究和实践,并担任同济大学社区花园与社区营造实验中心主任及上海四叶草堂理事长,近年来在上海进行了大量的社区花园实验,并且推进社区的基层自组织建设。刘悦来在上海的社区营造活动中非常活跃,截至本场对话发生的 2023 年 3 月,他的团队已经在上海 12 个区进行了超过 200 处的社区花园和社区营造,支持了 900 个居民进行迷你社区花园创造活动,举办了 1300 多场社区花园和社区营造工作坊。他和他的团队以设计营造管理和教育为策略,参与不同的都市网络建设,探索在地的公众参与和创新模式。

两位将从社区营造的具体经验入手,进行深入的对话。

刘悦来 _ 我先介绍一下四叶草堂的发展现状,做一下背景补充。

目前所有建成的花园,都是我们团队共同努力的结果。最早是在 2010 年,也就是上海世博会那一年,我跟范浩阳老师一起创立了一个基于小微空间改善的小事务所。后来我就一边在学校教书,一边做一些小微景观空间的设计,原因是我们发现,政府也好,投资人也好,权力或者资本会更加地关注大项目,而对这些小微项目看得相对轻一点，我们反而觉得在这些项目上可能会有一些自由。

这种自由是什么？其实是项老师讲的"重建附近"。我们就想，有没有可能让大家出来一块儿做点事情？特别是老人和孩子们，他们在社区的时间特别多。先从什么做起呢？就是小花园，花园相对来说是一个"人畜无害"的项目。一开始就讨论很复杂的事比较难，我们就从荒废的空间改造开始，慢慢地做一些小试验。到了2014年，我们就把这样的项目正式叫作四叶草堂。我们也有一个逐渐转向的过程，从只做设计、咨询，转而变成一个教育项目，一个让更多的人可以从家门口开始行动起来的项目（之后四叶草堂成为一个社会组织）。

第一个项目是荒废的绿化带改造，在宝山区的火车菜园，后来我们又在杨浦区大学路附近做了一个创智农园。合作对象先是企业，后来政府部门也发现这种项目对于社会治理有一定的帮助，于是越来越多的社区参与进来。

现在上海的社区花园有260个了，另外，居民通过参观和学习，自己建造的花园有1300多个。当然也不仅仅在上海，从2021年开始，我们在广西南宁的100多个小区中与居民共同设计、共同营造的600多个小微花园也慢慢呈现出来。

很多社区的邻居原本是陌生人，通过这么一个小小的活动，慢慢地建立起一种连接，互相变得熟悉起来，让那些荒废的空间得以改善。在这些过程当中，很多居民把自己种的东西拿出来，公共性逐渐在扩展，人和人的关系也变得更加亲近，我们称之为从社区花园到社区营造。当然,我们也用了一些社区规划的方式,从改造小区内部的花园或者一块绿地,逐渐变成打破围墙、在两个社区之间建立某种连接通道,甚至孩子们上学路上的一些商铺也都参与进来,慢慢扩展成了一个共生的项目。

重建附近,"把手"很重要

段志鹏＿我有一个问题,四叶草堂的全称是"四叶草堂青少年自然体验服务中心",为什么那么强调自然体验?为什么会从植物入手?

刘悦来＿其中一个很重要的原因是,我们团队一直在研究高密度城市,其实是关于人和空间的关系。我们发现一个自然规律,即城市的密度越高,自然性往往越稀缺。

当周边都是一些人造物的时候,人类会有一种满足感,会觉得自己很厉害,建造了这么多高楼大厦,一切都在我们的设计和掌控之中。而下雨的时候,或者在一些不经意当中,飞鸟经过城市,会带着很多种子,这些种子随着粪便掉下来,落在阳台或屋顶上,上面就会长出一些植物。我们会感觉这些植物是陌生的,它们怎么会突然出现在这里?有些连人都上不去的雨棚上,居然长着许多植物。这就是自然的魅力。

我记得项老师之前讲到过生态性的问题。其实生态性并不完全在我们的控制之下，但是我们觉得它很有意思。当人工设计的那些屋顶开始漏水的时候，或者说有些房屋到了一定年限开始倒塌的时候，我们会有一种无助感，因为自然的力量是非常大的，有它的规律。我们认为，应该让大家在城市当中认识到这种自然的规律。因为城市中的许多东西都是人工的了，所以自然很重要。这是一个层面。

还有一个层面，我们现在城市的功能性如此之强，我们能不能从自然中去看到人与人关系的触碰？大家到了一个陌生的地方，彼此都不认识，通过共同来做一件事情，哪怕从找一棵植物、种一棵植物开始，有一个由头，也可以感觉到你跟别人之间的关系。这件事不一定具有非常强的功能性，比如说打羽毛球、去健身房等。

项飙＿这太有意思了。在一个完全人造的、高密度的城市空间里，突然发现一些看似陌生的自然现象，一颗种子落在阳台上长出一棵草，这棵草是陌生的，会给我们带来惊讶和喜悦。而如果邻居是一个新搬来的陌生人，会让你紧张，感觉有隔膜，要先远距离地关注他。刘老师做的很有意思的事情，就是把自然陌生带来的惊讶和喜悦作为一个切入点、一个把手，让人克服人和人之间的陌生感。我觉得可能这会是一个哲学问题：为什么自然的陌生会对我们有一种激发，好像是一种正能量，而对人和人之间的陌生，我们会感到恐惧，认为是要冷冻、要观察、要处理的一个问题？

我觉得这可能是我从刘老师的工作里得到的很大启发，同时这个启发又有普遍意义。我们搞社会修复,重新建立附近,首先要看见附近,意识到附近的存在,注意到附近内部有很多丰富的生命,有很多丰富的潜力。在这个发现附近的过程中,把手很重要,因为我们身处的整个空间都是人造的。

这个空间在设计的时候就已经把你的所有行为方式、各种功能怎么满足设想得非常清楚,就像一个铁笼子一样,你被架到里面。在铁笼子里面生活可以很方便,但你要去改变生活方式,要想在这样的水泥地里长出东西是很难的。在这个过程中,我们就得另辟蹊径,找到一个把手。这个把手要非常容易启动,一启动大家就愿意进来。门槛一定要低,人们进来之后,空间又要逐步地扩大。所以我觉得这可能是让我们重建附近、看见陌生人的一个很重要的东西。

刘老师对自然的诠释也给我这样的启发。自然人畜无害,它是一个很有趣的把手。借着这一点,我就想问刘老师一个问题。你讲的火车菜园也好,别的案例也好,这些事情做完之后,别人一看,可能觉得这好像是件非常顺理成章的事情。它们是空地,本来也没有用,没有用也就没有很多利益纷争,把它们转化为菜园、花园,当然大家好像都会同意,但是为什么那么长的时间就没有人去做这件事情?你加入了一个什么样的因素使这件事情得以启动?最早你是怎么样去动员居民的?概念是怎么打出来的?最初的修整工作是怎么样的?

还有一点我很感兴趣。你最早是一个学者,有一个小微景观事务所，按我的理解，它是一个比较注重设计、景观的，但后来你想到让大家出来做一点事情。现在把小区也打通了，小孩上学路上的店铺也参与了，造出了一个新的附近的景观。为什么会有这样一个转变，为什么你会想到让大家出来做事情？我想这两个问题可能是联系在一起的，很想听一下你对完整过程的介绍。

刘悦来 _ 我想这应该是一个从 0 到 1 的问题。我们最近正在做十年左右的工作回顾，也想到了你刚才说的这个问题。我个人有一个答案，就是因为我们原来一直在做设计，景观设计也好，空间规划也好，在设计时并不知道它的直接对象、最终的使用者是谁。我们慢慢发现，当很多设计的最终使用者开始出现的时候，在使用当中碰到一些问题，有人会去直接改变空间的使用方式。比如说有一些小路，设计时是没有的，他们就走出一条路来；缺乏一些锻炼的空间，他们会把草地变成自己的练功场所等。

我们就想，有没有可能从一开始就能够让最终用户参与到我们的空间生产过程中来。这挺有意思的，但过程其实挺难的，所以我一开始说小的项目反而好入手。而且小项目像毛细血管一样，它渗透在这些犄角旮旯，靠近小区，靠近我们工作生活的小空间当中，所以它和人的关系其实更加密切。比如说上海，黄浦江的改造一般人很难参与，但是一个小区外面的小花园，参与度就会很高。

所以底层逻辑是，一个最终用户能不能有机会参与项目的目标制定及它的生产过程，如果可以参与，实际上可以大大地降低生产成本。为什么这么讲？对于由政府的公共投资或者由企业投资来完成的项目，很多最终用户只是把自己当成一个消费者，不会特别爱惜这个环境，觉得它不好就会破坏或者投诉。但是如果他一开始就参与，对这个过程非常地了解，就会非常爱护自己的作品。我们一开始跟一些企业合作，就是因为企业要降低管理成本，也希望大家能有更好的反馈。我们也在研究，在这些空间的生产、使用和运维过程当中，这些最终用户在发生哪些转变。

我们原来相当于做团购设计，现在是要变成面向最终用户做设计。我们的转型其实是基于这个。当然，我们不是原创者，其实在民间，这种空间生产是一直有的，每个小区都会有一些居民自己在建一些花园。他们可能本来就喜欢种花，他们种植技术的溢出，有时还有爱心的溢出，是看得见的，这也让他们感到满足。我们看到很多住在一楼的居民会种花，他们自己慢慢地往外扩展空间，有的是自己种菜自己吃，把地圈起来，这种不太具有公共性；还有一些人会把这个空间变成大家都可以进来的、一种开放的状态。这种民间、草根、自发的行动是很早以前就有的，我们现在所做的就是帮他们把这种溢出放大化、组织化。

我们团队当中有一个说法，其实并不是我们培育了什么，并不是我们让一些不喜欢种花的人出来种花，让不喜欢参与公共事务的人做出改变，而是我们发现了那些原本就喜欢参与公共事务的人，他们只是原来不太好意思，或者得不到家人的理解。我们所做的就是找了一个理由，一起来做一件事，大家就会觉得找到了集体，找到了组织。

你刚才问我们为什么会去做这件事,其实民间的诉求一直是有的,只不过缺乏组织。我们是做设计的,可能我们的参与会让它在美学上好看一点。原来有很多居民把一些花盆摆在外面,很多人养的植物长得是蛮好的,品类很丰富,每朵花也开得非常美,但是组合在一起,有些居民就会指指点点了,说有点乱。我们参与进来后,就会想办法帮大家把这些植物归拢一下。实际上技术还是这些民间高手的,我们一直在向社区学习,向大自然学习。

美学是一方面,还有组织化。组织化实际上需要社区的支持、教育部门的支持,还有自治项目、美丽家园等项目的支持。我们会在这些项目当中,把大家共同建造的环节加入进来。比共同建造更加重要的,是共同规划。因为家园是我们大家的,我们不光种点东西,还要去想它能不能有更大的改变,这需要我们对资源有一些统筹安排。

但在居民最早买房的时候,社区都被规划好了,很少有机会去调整。我们其实就是希望从这个小小的花园入手,大家开始达成共识,慢慢地去突破,最终目标是社区规划。我们的整个社区,以及外围的街道,在几平方公里之内,可以更好地去跟城市公共空间或者某些服务功能连接,使我们社区居民的生活更加便利,这取决于主动性。从小小的种植开始,大家获得了一种成就感,而且感受到了连接的力量。真正到了规划这个层面,其实就是更深层的一种主体性参与,意味着你可能会对未来有一定的预期,有对更多资源的争取，每个人都不再被动地做选择，而是开始有了主动性。

社区花园是一种照顾

项飙＿ 刘老师，你好像做了三个方面的工作：第一个是发现，第二个是对花园本身的规整，或者说美学上的、引导性的设计，第三个是跳出狭义的花园，做一个更大范围的、愿景式的规划。你讲的花园美学很有意思，好像是一个转折点，基于个体已有的主动性，给大家一个理由走到一起，把它转化为集体性的行动。其实你加入了一个"好看"的概念，为了好看、为了协调，就必须有一定的集体性，不能够每个人自己拿一盆花出来，而是需要互相呼应。

下面是另外一个话题。处于不同文化中的人对花园的认识是很不一样的。比方说，人类学家杰克·古迪（Jack Goody）[①]讲到非洲和欧亚文明很重要的一个不同，非洲一直没有插花或者花园这种概念，因为非洲人觉得自然就是花园，他们很难想象把花拿回家插到花瓶里面的做法。他们觉得摘掉树的枝条，其实是把秋天的果实损失掉了，要看花，在外面看就可以。但是欧洲和亚洲共享一个理念，有一种把自然引入居家环境的意愿。最典型的是法国式的花园，通过花园把自然完全人为化。还有一个典型的例子是日本的插花艺术，它其实是从人的审美出发对自然进行投射。中国的传统花园又不一样，里面会有各种高度不规则的假山石等，假山石在欧

[①] Jack Goody, *The Culture of Flowers* (Cambridge University Press, 1993).

洲看来也是一个比较奇怪的东西，它要造出一个小宇宙。当然在民间，菜园往往比花园重要，因为种的东西要能吃能用。

我还比较感兴趣的是，你说到转化，就是把个体的积极性转化为一种集体协调性。具体到花园，它可能通过美学，也可能通过一定意义上的"有用"，让大家一起来营造，营造之后又形成一个更高的、更加具有社会性的愿景。这可能是一个很开放的过程，到最后做成什么样，是由居民自己不断去探索的。

那么这在实践中是怎么发生的？你具体通过什么办法把个体的意愿转化为集体行动？是你有一个花园，让大家各自认领 4 平方米的土地，对居民要种的东西有一个预设，大家坐在一起协商，再引入植物学家来讲哪类植物应该或者不应该放在一起？还是让大家先把自己的东西带过来，定期进行一些研讨，对这个花园进行评论？又或者是一个花园小组到别的花园小组学习观摩，最后形成一个集体愿景？你的组织形式是什么，是每个季度组织花园大会吗？

刘悦来 _ 我们是这么做的。首先是在社区当中，我们要去发现有相同志趣的附近居民。在刚刚进入一个新社区的时候，比如还没有跟居委会、业委会打过交道，我们就通过张贴海报的方式来找到这些人，完成基本的报名环节。我们希望找到的，最好是愿意承担一些公共责任的人。所以海报当中会特别强调，希望大家在公共空间当中投入一定的时间、一定的精力，有的还需要一定的经费。并不是说大家来种了菜，就将其据为己有了。我们会专门强调，你在公共空间当中种的任何东西，都不再属于你，这是在做一件公共的事情。另外，这样的行动可能会带来一些安全问题，要自行承担这个责任，这也是特别要对参与者讲清楚的。

接下来，有一部分居民来报名了，这就开始了一个筛选的过程。我们会跟大家一起开会，讨论社区当中的一些问题，大部分要改造的地方通常都是一些有垃圾的地方，或者荒废的空间。居民对这些空间也有一些怨言，但是往往限于复杂的社区关系，仅靠个人的行动一般没有什么效果，集体的行动会更加有力量。

我们就开始在现场做方案，实际上是大家共同规划和设计要种什么。原来很多人互相不认识，在这个过程中可能形成一些共识，也可能产生一些矛盾，这都很正常，都是可以讨论的。实际上我们作为专业者在其中就会发挥作用，我们会给大家看一些比较精美的、自然的、符合社区调性的设计。不光是植物，还包括小路、围墙、栏杆、标识等。对于美的事物，大家还是有一些共通的价值观的，当然也有对某些风格的偏好、对某些特定植物的忌讳等，比如对于种菊花，有人喜欢，有人就觉得寓意不太好。当然我们会做一些交流，我们认为植物都是平等的，不会根据价格的高低、某些人的偏好来判断它们的价值。交流之后，大家会慢慢地达成共识。

再之后就要种了，即到了实际营造阶段。我们有一个很重要的原则，就是自己手头上有的东西就不要去买，能减少物流就减少物流，在本地的社区内能搞定最好。我们希望用一种"攒"的方式来实现我们的目标，比如家里有的植物可以扦插，也可以去公园里收拾一些不要的植物，之后教大家一些种植技术和方法。在营造阶段，大家的协同很重要，涉及挖坑、翻土、施肥、种植等，什么时间、什么人、怎么做，这些协同虽然细微，但很重要。这个时候就特别能看出一个人是不是守时，是不是有行动力，是不是有体力，是不是有技术，是不是具有现场的把控力等。这个过程像打仗一样，大家形成了一种战友似的关系，几次下来大家就慢慢熟悉起来，互相进行一些交流。

我举个例子。前年我们组织了一个全国大学生参与社区花园的竞赛小活动，让大学生能够跟居民一起共建，最好是不花钱，自己想办法。其中一个代表队获得一等奖，这个代表队的小伙伴们吃饭都是被居民邀请到家里去的，与居民的关系特别好。同学们还帮居民铺了一条水泥小路，最后他们要走的时候，居民非常舍不得，希望同学们在水泥地里留下脚印。当时是12月，天气有点冷，居民就从家里打了热水，等大学生们踩完脚印之后，让他们马上到热水桶里面洗脚。我非常感动，他们一开始根本不认识，居民们甚至不理解，要把这些大学生赶走，但是后来通过共建，居民们体会到这些学生对社区确实有帮助，就能好好相处了。

在这个过程当中，我们的社群也在不断壮大。一开始通过海报和群招募来的人并不是很多，但是到了营造阶段，人开始多起来。在现场劳动的时候，会有其他人围观。那些不太会干活的年轻人，就会被一些干过活的老人家教育，有些老人家还会上手帮忙，一出手就很厉害。到后来就会越来越有意思，也产生很多新的变化，这些变化是基于很多人一起共创、一起讨论、不断打磨的。其实通过这样一个花园的生产过程，大家从陌生人到逐渐认识，开始形成公共空间和公共利益的共识，也由此延展出一些对公共事务的参与。比如对于一个空间要不要停车，要不要供老人家休息，他们也开始提出要求。

项飙 _ 太好了，我现在更进一步地了解到了营造的意思。从一开始，其实就有一个很强的共同设计。就公共性的产生而言，这与我在欧洲了解到的情况形成了很有意思的对比。欧洲绿地比较多，都是现成的，所以往往不强调一起设计和营造花园，而更加关注怎么跟这些绿地产生关系，不是从 0 到 1 进行创造，而是从 1 到 2 进行关联。

你讲的营造过程里有一些很深刻的东西在。比如我们原来觉得，种了一个东西，这个东西就是我的，而现在，种了一个东西，这个东西不是我的，但我对它有责任。这是一种收养关系、一种照顾关系，但不是一种占有关系，也可以说是一种代表关系，我代表它，我对它有责任。其实这就跟甘地主义相似，甘地觉得在私有制下，你要把私有财产理解为托管关系（stewardship），你很有钱，那是因为世界让你临时托管一下公共财产，让你去照顾这份公共财产。一个人看着一棵树开始生长，叶子有白点，他心里会发慌，要去想办法。这是非常直接的一种照顾和关怀，但这棵树又不归他。我觉得这些对于我们基层的民主共建来说是一颗很好的种子，而且它是一颗肉身经验式的种子，如果通过一定的思想提炼，会很有趣。

怎么处理花园里的麻烦

段志鹏＿本来我们对于自己附近的空间营造是有一定责任的，但是慢慢地变成我们仅仅在使用这个空间。我住在这里，被当成一个对于附近、对于自己生活空间的使用者，这种使用跟我是脱节的。我觉得刘老师做的事情比较偏向于解除这种把人简单地当作使用者的方式——我对我的附近是有照顾责任的。

另外，我感觉一起做事情真的是建立公共性的很重要的方法。我想起日本社会学家宫台真司提到，你去想象一个地方的公共性是什么样的，是完全想象不到的，除非你的朋友里有这样的人，你真的跟这个人成了朋友，才能够想象你跟他之间、跟那个群体的关系到底是什么样子的。我觉得这是有情感教育在的。

我想再听更具体的一些案例。比如说你刚才提到有人种菊花，别人就来骂，或者种有些果子，别人来摘他就很难受，对于这样的事情是怎么处理的？你怎么处理这种很具体、很麻烦的事情？因为公共营造说起来是件很大的事情，但是往小了说，其实就是解决一些麻烦。

刘悦来＿这就是有矛盾发生了。比如种菊花的问题，我们有个项目在大学路的一个社区里，当时居委会还有一点经费，正好是菊花开放的季节，社区干部就买了一些种在花园里面。但这个花园靠近居民住的地方，第二天就有居民找到居委会，说家里有年纪比较大的老人，对养菊花比较忌讳。处理的过程其实是比较简单的，肯定要换掉，也不用解释太多，因为也解释不清。种之前是不是一定要公示？也不一定。公示的成本很高，而且大家的评价标准也不一样，所以很多时候我们认为这些事情是可以先做的，在做的过程中不断发现问题，马上处理就好了。

　　大家种的植物被挖走，这种事时有发生。怎么解决？心态是第一位的。我们一开始就讲过，所有的参与者在公共空间种的植物都不再属于个人，不论是出钱买的，还是从家里拿出来的。这是一个非常重要的前提条件，如果接受不了，就不要种，因为结果可能会让人特别难过。如果真被人拿走了，我们也会跟大家做一些交流，比如这说明真的有人喜欢它，只要不是被讨厌、被踩踏就行，也可能因为有人确实没有钱买或者买不到这种植物，总之他在某个方面是欠缺的。有人正好缺这样东西，如果你能接受就等于帮助了一个人。当然我们不提倡这种偷窃的方式，我们的交流更多是从心理上让参与者得到舒缓和安慰。也有人倡导装监控探头，把偷窃者抓起来，其实这种做法很难实施。

　　当然，我们也不会坐视不管。比如，后来种植物的时候我们就拍好照片，如果植物丢失了，我们就把这张照片放在这里，再插一块牌子，说明这棵植物在这里存在了多长时间，后来不知道到哪里去了，我们可以一起寻找它，或者大家一起来思考这样的问题。有的时候，这种方式真的起到了及时止损的作用，因为最初有很多人认为这些植物是物业或者居委会种植的，而他们本来就对物业和居委会的服务有抱怨，为了表达愤怒，他们才拿走这些植物。但当他们知道这些植物是某一位邻居从家里拿来种植的，或者是一个非常可爱的小朋友拿压岁钱买来种在这里的，他们就会觉得不太好意思，之后就慢慢对公共营造有更多认识了。

其实我们需要一个解释系统或者说明系统，可以发布在群里，也可以通过立牌来进行一些友善的提示。我们基本上都是通过这种方式来告诉大家，这是大家共有的，放在公共空间是更好的。比如我在自己小区楼下也做了个小花园，里面种了绣球花，2022 年 4 月上海疫情期间，很多居民走过路过都会来看看，大家都特别感动。但是有一天少了三棵植物，被挖走了。群里的居民很有意见，要想办法抓住拿走花的人，要查监控。我没让查，而是在一个用来发放物资的纸盒子里放了一本《花园里的哲学》，并在旁边的一张纸上写了一句话："花儿在大地上会开得更艳。"很多人看到了，有人把它发到群里，后来就没有人再拿这些绣球了。

我们做这些事情，实际上是为了倡导大家形成一些公共的价值观。如果仅仅是指责控诉，或者监控追查，公共性就很难形成。

当你真正要去突破的时候，开始行动就好

段志鹏＿刚才项老师也提到这些事情里有很强的哲学意味。我一直

想的一个词是"common",就是公地。居民会很容易考虑所有权的问题,会认为"政府的"跟"公共的"这两个概念不完全一样,比如说物业的,就可以拿走,反正物业亏欠他们,认为这不是一个公共性的东西。你在做的事情,恰恰让人感觉是在消解这样的所有权问题。

衍生出来就是,比如你提到让大家共同规划,但共同规划并不意味着接下来要按照某个既定的方案去执行,而是一个建立共识的过程。把大家邀请来,坐在一起谈,结果可能不会是确定的,但是坐在一起谈可能是一个比较重要的方式。

我觉得另一件事也很有意思。一开始我会觉得在社区里建个花园应该会比较麻烦,要找各种人、找物业,但是听你说,好像贴张海报就开始了。贴张海报为什么能够开始呢?它是一件很难的事情,还是一件很简单的事情?

刘悦来 _ 我们团队经常被问到这个问题。我们有个客服,叫"小小的萌萌的四叶草",经常会收到来自全国各地伙伴们的询问:你们做的花园挺好,我也想做,但是怎么做呢?我到底应该先去找谁呢?找到物业了,他说要找物业经理,找到了物业经理,物业经理又说要业委会批准,即使找到了业委会,如果要贴海报,还要居委会批准才可以,不能随便乱贴。

如果你一直在想,就会觉得很难,但是当你真正要去突破的时候,开始行动就好。所以有时候我会直接回答,只要去种就好了,不用跟任何人打招呼。可能有人会觉得,这样是不是太过分了,毕竟是在公共空间做事情。其实我们是有原则的,要看从什么地方开始行动。首先要选择荒废的空间,有垃圾或者植物生长不好的地方,你要去改变它,让它变得更好,这是一个基本原则。还有,你确实要真正能够改变它,要有一些技术,要做一些简单的准备。

在栽的过程中一定会有人来问,可能先是邻居们会问你在干什么,你就说每天从这儿走,觉得很难看,打算种些花,大家就会给你点赞,会觉得你很有爱心。也有人会问你经没经过物业同意,其实你不用特别讲,因为物业有时候也挺无奈的,他们也想改变,但是没有经费,或者怕种了没人管。你只要不是种菜,不把它据为己有,物业其实也会睁一只眼闭一只眼,基本上是默认的。在这个时候,如果物业过来问你有没有报备,你说确实没有,但这不要紧,物业一般就会叮嘱你不要种菜,不要破坏,并且会跟你聊上几句。

如果在你种的时候,还有邻居一起来参与,尤其是有小朋友在,物业一般都会支持。你甚至可以先抱怨他们一下,说邻居们早就想改变了,但是你们物业一直也没有行动,你看我们自己想办法做,而且楼上楼下的邻居们都达成共识了,这时候物业也不太会说什么。

其实这就是一个行动力的问题,一旦开始行动,你积攒的人气会越来越多,花园面积也可以再扩大。当你确实做得好的时候,会有更多的人愿意参与进来,你甚至可以给它起一个名字,每个人选一句诗或一个对它的期待,做成牌子,放在这片空间,当然要尽可能地遵循一些美学原则,这就变成社区的文化创设。

其实也蛮容易的,是吧?

花园再小,也要有个名字

项飙 _ 我可以顺着刚才刘老师讲的难和易的关系继续聊一下,很有意思。第一,我觉得你讲的本身就是一种植物生长逻辑,特别是竹子或者紫藤的生长逻辑。一颗种子种下去,它先长,长出来之后自己就会形成一个生态。竹子的根会在土地下延伸,不是到处乱爬,它会找缝,在缝里头就形成了一个小生态。这也是"附近"概念里比较重要的一个层面,大家要找缝,不能够觉得自己就在一个铁桶里面。有人的地方,铁桶肯定有漏洞、有空隙,把空隙用好,用好之后才会转化,一条缝隙可能就会变成一扇窗户。所以先干起来,如果不干,就是一条缝放在那里,它扩展不开。我觉得这是很令人振奋的一个想法。

第二是关于刚才志鹏讲到的"公地"这个概念。当然这在学术界讨论很多,我们马普所在 2022 年也有一次小的讨论。一个研究员做京都的城市人类学项目,我们就谈到一个非常重要的公共品——公地。它不仅是一块地,对生活在那里的人来讲,最重要的公共性其实是景观,居民打开窗户以后看到的是什么,到楼下之后看到的是什么,都是很强的公共性,而且是任何人逃脱不掉的。你看到的东西跟你身体感受到的气氛，也有非常强的公共性。经济学上的公共性主要是指对资源的占有与否，但是从人类学视角来看，对于景观是没办法谈占有不占有的，它是必然有公共性的。每天早上起来出门、晚上回家的人的感受，与公共性的福利是直接相关的。所以景观的公共性也值得进一步探索。

第三，我引申到一个新的问题。回到你讲的建立公共性，怎么让陌生人一起做事情，我想到了注意力的问题。一开始，大家会注意到有一个垃圾场或者很难看的地方，那是一种负面的注意力，看到一个东西很难看，但是不知道怎么弄。关键是要把负面的注意力转化为积极的注意力，通过认真去看，发现能干些什么。我觉得整个种植过程中比较有意思的一个地方是，它会让人自然地对一些非常细节的东西产生注意力，比方说在上海冬天种菜，至少可能跟广东不一样，如果种些菜，每年要换种，这是有工作量的。另外，各种植物的需水量也不一样，不同植物从美学角度看协调性也不同，这些就不得不让人注意它。我就在想，这种对东西的注意力，是不是一个让陌生人互相发生关系的比较重要的契机。

刘老师讲一开始设计的时候，会在花园里放一些小物件，这个东西很小，其实无所谓，放在花园里面大家会很自然地愿意注意它，然后大家开始谈，开始想这个东西要怎么摆，就能够形成一个公共的话题。我不知道你有没有这样的观察，这种注意力其实是很重要的公共品。

我之所以提这个问题，是因为在我们今天的生活当中，特别是年轻人对周边、对附近的注意力没有了。东西都是从网上买，一切东西都是抽象的，不会看植物究竟是怎么长的，不同季节是什么样，什么时候有什么鸟来，等等。他们很容易对周边、对生活处于一种无意识的状态，注意力出现的时候又都是负面注意力，比如觉得不高兴了，觉得哪里有臭味。负面的注意力没有持续力，它让你感到无法忍耐，想赶快逃离，但是我们需要持续的注意力。植物可能会死掉，这会激起你的负面情绪，但是我们对植物的注意不是仅仅在它快死的时候才被引发的，我们的注意力是可持续的。这种注意力看起来没有社会性，因为是对植物而不是直接对人的，但是它有可能成为和陌生人自然地开始聊天的契机。所以回到前面提到的"把手"、"理由"、陌生人一起干事的启动点，这样对细节的注意力本身就是启动点。

刘悦来 _ 是的，项老师。也有一些其他在社区中可以开展并形成共识的活动，比如说做墙绘、做一些公共艺术项目等，而我们选择社区花园做把手，其中特别重要的一个原因是社区花园的主要元素是自然的，而自然的元素会给参与者带来不易受控制的一种意外、一种惊喜。

我觉得现代的年轻人，他们面临的很多东西其实都已经是确定的了，但是植物的生长是不确定的。我举一个最简单的例子。我们的花园里面长了几棵两米左右的滴水观音，但是 2021 年的冬天特别冷，这些滴水观音全部塌掉、被冻死了。很多居民，包括年轻人和小朋友看到后都觉得惋惜，因为他们知道以前这里长着一片茂盛的植物。但是到来年3月中旬左右，大家发现那些我们以为死掉的、烂掉的滴水观音又开始长出新芽了，直到暑假又长到一米多高。有些人看到之后会发朋友圈感慨，也在群里交流。面对这样一种变化，大家都感叹生命力量的强大。当然这本身是景观上的一种变化，这种变化是慢慢发生的，从很茂盛，到突然好像死掉了，然后又再生了，这就是生命很重要的变化。其实这就是我们广义上认为的"草根"的力量，不要因为你在地面上看不到，就认为它已经没有了。

植物的这种变化带给人的感受是非常强烈的。因为我们不再依靠植物而活着，也不以种这些植物为生，所以我们不太去关心它，想不到气温突降会导致植物看似死亡，等温度升高，它又会长得特别茂盛，这些都是我们原来很容易忽略的一种现象。这也会给我们一些启发，会觉得自己不了解的事情还有很多。

我们之所以选择从社区花园入手，是因为从种子开始种，成本是非常低的。做这么一个空间的生产或者营造可以以特别低的成本去介入。而且种子是自带营养的，只要有合适的温度，找到基本的土壤，有日照，它就可以生长，不需要施肥，也不需要特别看护。这一点非常重要，特别是有的年轻人需要出差，出差回来之后发现原来种的东西长这么大了，有的甚至已经开花了，他能明显地感受到这种变化。

比如像我家楼下的小花园，我给它起名叫"苔藓花园"，为什么叫这个名字？因为这里原来是荒废的，很多人走过不会发现有什么东西，但是我蹲下来仔细看，就在香樟树的树根，裸土的位置，发现了一小撮苔藓。我认为，一个花园再小也应该有名字，这是非常重要的。如果我们的居民能够蹲下来，关注到这一小撮苔藓的话，说明他匆匆的步伐至少有那么一刻能够停下来，他能够弯下身躯，把注意力放在土壤和苔藓上。实际上苔藓过两天又开了花，苔花像米粒一样小，但也在开放，大家能够欣赏一朵苔藓的花，其实也是带着一种非常特别的心情的。

我刚才举的例子，有的是很大的变化，有的是很小的变化，都给我们提供了一种不同的视野和体验。这种体验，让我们跟他们在一起。

我再补充一点，做社区花园对我们同事的改变也是很大的。在做社区花园之前，很多同事讨厌下雨天，害怕地上有积水把鞋子弄脏，那会让人感觉很糟糕。而种植物有一个很有意思的概念——定根水，就是植物种下去之后一个礼拜之内每天都要浇水。所以我们开始做花园项目后，如果种下植物的第二天正好碰到下雨，又连下七天的话，我的这些同事就太开心了。原来大家都没觉得下雨跟自己有什么关系，甚至很讨厌下雨天，但现在参与项目的小伙伴就特别喜欢下雨，盼着下雨。他们不光关注一个小空间，也会关注更大的气象，产生了新的连接。我觉得这些都关乎你刚才说的"注意力"。

植物的逻辑，不是折叠，是展开

段志鹏 _ 我可以补充一个反面的例子。我也是个设计师，比如说做海报或者做模型的时候，我常常感觉，无论在里面加多少细节，这个东西一旦完成就死了。

刚才项老师提到对花园的规整，规整不是仅仅让它变得有条理，而是要把这个花园延续下去，得在里面加更多的东西。刘老师提到人造物，人造物的维持是需要人在里面投入很大的成本的。地要干净，是要有人每天去擦它的，但这些是不可见的。你每天走在路上，不会去想地为什么每天都是干净的。但是植物本身的生长让你能够看见"维持"，这种维持变得可见了。这是很有启发的，特别是对于生活在城市里的人。

项飙 _ 我就接着志鹏所说的讲，其实人的因素很有意思。人造物，就志鹏举的这个例子，有人擦地，但是我们视而不见。人的劳动非常重要，能保持整个水、电、下水道系统的运作。但是城市这样的人造物的一个重大功能，用现在大家用得很多的一个词来讲是"折叠"，折叠之后，非常重要的一批人的存在、人的劳动看不见了。设计得越好的房子，折叠性越强。为什么？因为你就看不到那些乱七八糟的东西了，一切东西好像都是很自然的，好像天然是干净的。自然的花园跟折叠是对应的，它是"展开"的，就像刚才讲的紫藤或者竹子一样，不断地在生长、展开。在展开的过程当中，虽然花的力量可能不像你每天要打扫地板的那种力量那么多，但是它在展开，你就可以看到自己的痕迹。也就是说，折叠是把人劳动的痕迹消除掉，只要结果，劳动过程是隐蔽的，但你建造花园，就能够看到自己展开的过程。这些花不可能明天就开，也不一定能开，也许会死掉，但是这个过程本身在那里。人的注意力，在折叠状态下和在展开状态下的呈现很不一样。

还有，刘老师你讲，花园再小，也要有个名字。本体论也好，认识论也好，可以认为这是一个很深刻的问题，一个东西的存在，需要名字和意义。一开始你讲，不要相信名不正言不顺，先干起来，不要有名字，不要有语言上、规则上的论证。先种，种到一定程度，你觉得它应该有名字。因为有名字以后它会有意义、有注意力、有动员。中国话语文化里一个很重要的东西就是名字，关于这点我们可以再行讨论。

但我现在还有一个问题，你在这个花园开始建造以后，大家来一起种花，你对这样的一个群体会给一些相对成形的规则和章程吗？比方说劳动分工，浇水的事情谁去注意？或者你觉得根本不需要，居民路过自己就会注意到？特别是在第三个阶段，就是你讲的愿景在于系统化的"附近"的建设，你是会让它形成某一种小组，里面有一定的分工，有一定的规则，还是你觉得没有必要？

刘悦来 ＿ 我们确实有一个根据情况逐渐组织化的过程。组织化也是从个体开始的，比如说一个人先自学了一种做法，等到开始行动的时候，确实需要团结一些人。这件事情可能做得比较小，比如说建一个小花园，就到此为止。也有一种可能性，就是大家从小花园开始慢慢地做起来，小朋友和老人家都参与，有时是几个邻居，有时人更多一点，比如隔壁楼的邻居也一起参与。当开始一个有更多人参与的项目，或者大家期待社区有更大改变的时候，就需要一定的组织化了。而组织化最基本的是获得社区的居委会或者社委会的支持，要跟这个系统发生关联。因为本来社区居委会也是一个居民的自治组织，只不过接入了官方的行政系统，纯粹的、草根的自组织要跟既有的自组织产生关联，就能够获得一定的资源，这件事情就能够做得更大一点。

比如我们在上海的东明路街道和社区中做了这样一些实验。居民小组一开始只是一个兴趣小组，慢慢地他们会希望对公共事务有更多的参与，变成一个社区规划小组，而这个小组不是天然产生的，是通过得到街道的自上而下的支持，能跟原来慢慢做的这种底层的、居民自发的、草根的小组织连接起来而产生的。因为大家的目标其实是一致的，都是希望有更多的人自愿承担一些责任，形成一种自治的状态。

上海的每个街道都有一个社区自治办公室，它们会与社区成员共同做一些事情使大家的关系变得更加融洽。在我们典型的实验当中，我们跟街道达成了一个很重要的共识，就是不论是街道项目、软件项目、硬件项目、自治项目，还是一些公共空间改造项目，必须有居民提出的、原生的提案才是有效的，而不是请一个规划设计单位直接定,或者哪个领导一拍脑袋直接定。居民自组织形成的社团,我们把它叫作规划小组。每个社区有自己的规划小组,当然他们就是基于社区花园的练习,然后慢慢地开展,就能够获得更多的资源,会给社区带来更大的福利。这样的小组的价值会在社区居民当中获得一定的认可,因为它为社区争取到了一些资源。

我非常欣赏你刚才说的"展开",因为这个过程是展开的,它是一个开放的系统。当然是从小事做起,大的事情可能确实需要一些折叠。但是对于这些小事的展开和透明,很多街道也是愿意的,愿意把这些地方开放,让大家都看得比较清楚,都来申报,并且提供一些公开的政策支持。

我们团队在当中起到了一个很重要的作用,有的时候我们把它叫作共治的枢纽,其实这就是一种赋能,或者一种陪伴。这个街道有38个居民区,我们跟每个居民区的小组都有接触,有公开课,有工作坊,会跟大家做充分的互动。展开的过程其实就像植物的生长一样,在这些原来刚性的条件下好像是很难做的,但是我们发现了它是可能获得突破的,在缝隙中慢慢地像小花园一样开始生长出来,甚至发展出一个以居民为理事的非政府组织,这个组织统筹38个居民区,于是这些自治的力量就慢慢地组织化了。这个组织是民间的,又是理性的、有秩序的。从社区花园到社区规划,最后到社区共生,实际上这是一个非常明晰的过程,可以看到它的生长路径。

现在我们把很多的公共空间、商业空间和居民空间慢慢地连接起来，比如孩子们上学会经过一些空间，其中有一部分适合自然生长的方式，我们会发动一些愿意参与的居民作为种子，慢慢地把这些空间激活。我们在慢慢做街区实验室，通过大家共同的劳动，像建花园一样把街区的公共性也展开。

"小"往往更有韧性，来克服脆弱性

项飙 _ 我想到原来讨论过的乡绅角色，在中国传统社会里，地方性社会一个很重要的特质是依赖于乡绅这个角色。他们是读书人，主要做的就是一些协调性的事情。这跟刘老师讲的街区实验室就很像，因为目的、目标、诉求都不是从天而降的，不是要创造GDP，或者说要形成规范社区，诉求都是具体的一些事情，是把各种各样具体的需求连接起来。但连接起来以后，不管是从效能、效果、效率来说，还是从形成一种新的氛围来说，都是很不一样的。

我也在想"社会修复"这个概念，这种像竹子一样的展开性、盘根性，我觉得可能会非常重要。一开始你讲到有大的参与、小的参与，参与黄浦江改造等大项目很难，但小项目的参与是比较容易的。我也在想，是不是大家从小的项目开始，慢慢地也会对大的项目有一种新的理解。

"大"总是由各种各样的"小"叠加起来的。"大"是概念性的，真实的每一天，必然是从"小"开始的。这样一个从里向外、自下而上逐步提升的过程，可能也是我们今后可以讨论的话题。

我想，设计中有关于层级或者尺度的问题，画地图也一样，从尺度这个角度去看，你的整个项目也很有趣。开始是一个非常小的尺度，一颗种子、一个人、垃圾场的一个角落，成为小区里一个、几个邻居的事情。当尺度变化以后，事情的性质会不会变化？是不是需要一套新的方法？比方说美学这个概念，其实我觉得它是一个尺度问题，因为一个人自己在阳台上种花，美不美完全是一朵花自己的事情，但是对于小花园来说，美不美是一个尺度问题。一模一样的花，在阳台这个尺度里，和在花园这个尺度里，其效果和意义是不一样的。我觉得花园有名字也是一个尺度问题，就是说你要给这么一个很小的生态一个名字。比如苔藓花园，各个东西都围绕着"苔藓"的概念，它就成为一个在尺度意义上的单位。

如果用尺度的观点去理解我们的生活，特别是像上海这样的超大城市的生活，感受会非常不一样。因为一听超大城市，如果你把它当作一个大的尺度的话，好像是挺吓人的，人就变得非常无力，会产生各种恐惧、害怕。但是如果你倒过来想，从身边"最初 500 米"的尺度开始，把不同尺度之间的关系想清楚，也许这与大家在日常生活中重新发现意义，过一个更加美好的生活，都是直接相关的。

刘悦来 _ 你刚才讲的"展开"，是让我特别受启发的。竹子根部的缝隙是展开的，就像我们在门的缝隙看到对门的邻居一样，是蛮有意思的一种状态。就像我刚才说的苔藓，我就是在不经意当中看到的，我相信既然我能发现，一定还有别人能发现。

你讲的生态性，并不是说我们一定是基于自然的生态性，更多是针对功能性来做的。其实，它有没有意义，我们怎么去看待它的意义，没有看到意义的那一部分又怎么办，这些问题都不会影响它的存在。我看到苔藓的时候，我觉得它的这种存在并不会影响我们，而且我们也没有特别去种它，它自己就长出来了，最终还是有人看得到它。我们会发现，我们做的事情不一定要在一开始有那么多人看到。当我们想把这件事情赋予某种意义的时候，我们就需要给它一个名字。等它有了一个名字后，可能有一部分人会想了解更多，比如苔藓花园的苔藓在哪里，他们就会去找，这就有了一个切入点。就像社区花园一样，到底是按照怎么样的方向发展，我们也在探索。

关于尺度问题，我也非常受启发：大和小，远和近，以及实和空。我们也在大的项目中探索，一个再大尺度的东西都有边界，那么它的边界和我们生活最靠近的那一段，可能会率先发生变化。即使在上海"大江大河"这种大尺度项目当中，在它靠近社区的那一部分，我们也已经观察到在发生变化，也在倡导通过公众的参与去改变。

我们可能要去找到这样一种规律，慢慢地让更多的可能性从边界出发，逐渐地渗透。就像竹子的根或者藤蔓系统一样，慢慢地沿着脉络去生长，形成一个网络。这样就有若干的小变成了大，这个大就不再是空的了，就跟我们每个人都产生了关联。

段志鹏＿项老师提到"最初 500 米"的概念,而刘老师说自己就在 1 米范围内工作,那 1 米的范围是他觉得实践能够产生影响的地方。这可能确实是一个尺度的问题,就是当你做事情的时候,你的手能触及的范围、你能产生影响的范围可能确实是在 1 米内,但你投射的视野是可以很大的。

项老师提到三个问题,一个是发现,一个是规整,一个是跳出这个框架,去建立一些新的想象或者行动方式。刚好我们的对话也是沿着这个方式往下推进的,从开始聊一些实践,到最后跳出来讨论。

我还想追问两个问题。第一个问题,我发现刘老师最近的一些项目可能是比较大的,你开始营造一些很大的地块,比如说停车场,把停车场改成花园其实已经不是在家门口种花的事情了,像这样的项目是怎么发生的?怎么能从一件小的事情开始推进下去?

第二个问题是关于脆弱的。我觉得这些项目在某种程度上还是很脆弱的,花园的项目也好,像这种基层关系的修复也好,它们似乎有一种脆弱性,很容易就做不下去了。你面临过这种脆弱性的问题吗?

刘悦来＿先说第一个问题。你说的这个停车场项目不是我们团队做的,不过发起人是我们的一个校友,我很关注。他们把停车场上的 20 个车位转移到旁边的一个商场,再把这个停车场变为篮球场,同时作为居民的活动空间,而不仅仅是花园。这是一个特别重要的自组织过程，这个过程涉及资金、协商、谈判、资源共享等，而且不仅限于社区内部，已经涉及对外的资源了。这个项目是他们通过业委会的支持，把一些原来不太熟悉但是能够逐渐形成"为儿童创造一个更加美好环境"共识的人组织起来，共同完成的作品。

再说第二个问题。我们有这么多社区花园，确实也有蛮多花园会经历像人一样的生老病死过程。比如发起人或者社群的维系骨干生病了、搬家了，一个项目就会产生一些断裂。脆弱性的问题是比较明显的，按照我们项目的发展情况，大概有 20% 的项目会发生变故。

其实还有一种情况，就是许多花园的营造往往都是有启动缘由的，最主要的就是有一笔来自政府或者其他合作者或捐赠者的自治经费支持。当这些经费不再及时供给，这个花园的存续就可能会出现问题。

但是我们也发现，那些维护得比较好的花园，往往在一开始并没有任何资助。我特别举一个例子。我们在 2021 年的团园行动 SEEDINGARDENS 中有一个三叶草花园的项目，团长豸峰，本名叫孙晓，他和社区的居民一起做了这个花园，我到现在为止也没有去看过这个花园，但听说这个花园维护得蛮好的。这个花园没有得到任何资助，全部是居民自己掏钱，包括孩子用压岁钱做出来的。他们自己做了儿童沙坑，每一块砖头都是自己亲手做出来的，并为它做了装饰。这个公共的花园通过共同劳动建造出来，它就跟每个人都发生了关联。我们研究发现，这种花园往往有一种韧性，正好跟脆弱性相对，它的韧性来自关联的强大，不再是政府或者其他捐赠人给予的，而是来自居民自己的创造、服务和支持。

在不到一年的时间内，参与这个花园项目的邻居也有因为变故离开的。特别是看守自行车棚的马叔，因为自行车棚被改造成了智能化的充电车棚，不再需要有人值守了，马叔就失业了。马叔在这里已经工作了很多年，通过建这个花园，大家才跟他熟悉。得知马叔要失业后，刿峰他们就想帮马叔找到新的工作岗位。虽然很多细节我没那么了解，但是我看到了大家之间的关心，通过小小的花园，我们看到了一种社区的韧性，从空间的生产到关系的生产，可能就是"最初 500 米"的重建。在基础设施建设中，最重要的是人心，是人的共识。在种植植物的过程中，大家需要有爱心的支持，包括一些物料的支持，最终建立一个小小的系统，我想这个系统是可以抵抗脆弱性的。

我觉得越是小的，就在家门口的，大家自己出钱、出力、出想法建起来的，从空间的持续性来讲，反而是越有韧性的。越是大的、经费支持比较多的项目，其实越脆弱。大的项目可以通过专业服务的供给来保持景观性，但是它在人际关系的促进方面其实是脆弱的，并没有起到一个很有力的支持作用。

段志鹏_的确，我们很容易忽略把某个地方维持下去要投入的精力。比如那种大项目，好像做完就结束了，如果要长期地去维护它，真的是非常难的。反而是从这种小项目里面衍生出来的韧性，恰恰能够把它维护下去。

中国的社区营造，需要看见附近

刘悦来 _ 我还想请教项老师对社区营造的理解，我们也一直在做这方面的工作。你之前在讲"最初 500 米"这个概念时曾提到，重建附近跟社区营造不完全是一回事，甚至在一定意义上是唱反调的。

项飙 _ 听了你讲的以后，我对社区营造有了新的理解，我原来的理解是比较偏颇的。政府越来越重视社区营造，实行了网格化管理，对社区、对"最后 500 米"的建设非常关注。"最后 500 米"当然是一个商业概念，电子商务说要尽快把每一个物件送到每一户人家。开发商也非常强调社区活动，因为他们要把社区建设得有一定的氛围，房子才容易卖，所以有的时候会跟社区工作者合作。我的理解是，这样的社区营造是由一个大的行政或者商业力量推进的。

此前我对社区营造还有一个偏颇的理解，我认为它是使用一种非常强的专业化或者外包的方式来进行的。比如社区规划一般会外包给建筑设计公司，而设计公司都遵循物业逻辑，目的就是让居民方便，不用操心。

我提倡的"最初 500 米"，跟你讲的是完全一致的，不是外包，而是自己干，一开始也不一定有一个完整的规划，但要有一个方向、一个基本的原则。通过这次对话，我不仅了解到社区营造的另外一种含义,而且理解了社区营造的重要性。我原来觉得,如果是居民自己出发的"附近",不太需要有规划思路。但是现在我觉得,其实有一定的规划思路还是很重要的,它不是一个外包式的,而是一个嵌入式的规划思路。比方说让大家一起讨论,篱笆怎么设计,是用竹的还是用藤的,要不要小装饰……这些是我原来没有想到的"最初 500 米"。嵌入式的规划有效,一是给了一个好的话题,二是开始形成一种集体性。最初 500 米,不再是每一个个体的最初 500 米,而是不同的最初 500 米开始交接,开始叠加。对于社区营造,这是我的新收获、新理解。非常感谢。

刘悦来 _ 也谢谢项老师。我还有一个问题,是一个复旦大学的学生让我帮忙问你的。他想知道"附近"和"社区"的区别与联系。他注意到媒介技术在联系居民、分享日常体验和体现社区生态性方面的作用,让距离或远或近的人们产生了连接。这样的应用是否有悖于对"附近"的"建设"?因为"附近"体现了日常生活的互动、生动经验的重要性,而技术的应用则让互动并非面对面。

项飙 _ 我觉得这个同学提的问题很有意思,附近就是或近或远。有的时候,就像你讲的花园,它自己慢慢就会遍地开花,可能不同花园的人会来往。我原来住在牛津,居民每年会自发举办花园节,花园都是自己家里的后花园。花园节期间,想要参与的人会在网上注明哪一天几点到几点他家里是完全开放的,所有的人都可以进到他家里面去看他的花园。好客一点的主人会准备茶、饼干，与大家交流花园的打理心得等。其实在物理空间上这已经不是"附近"了，但是会有一种附近感，会有一种新的社会动力显现出来。

"附近"跟社区的重大区别，我想可能有三点。

第一，中国的社区已经成为一个行政单位，必须考虑到整个行政架构，而"附近"不是行政性的，很多时候一开始就是在社区的一角，完全不能够代表社区。如果是花园，一开始可能是三五个人一起种，之后参与的人可能不限于社区。

第二，在中国，社区成为人们的居住空间，同时成为一个行政空间，它有个很重要的东西就是边界。从行政意义上来讲比较容易理解，因为行政管理工作的边界要非常清楚才行，边界以内是我的工作范围，我是管 325 个人还是 321 个人，这都要很清楚。从居民现在的生活感知来讲，边界也变得非常重要，比如无处不在的保安。我没有统计数字，但是我们跟何袜皮聊的就是保安的问题。这是中国城市一个很重要的特色，在中国城市犯罪率那么低的情况下，为什么需要那么多保安？就是要让人搞清楚边界在哪里，外面的人不能随便进来，给内部的人营造出一个非常安全的氛围。社区给你画了一条线，这条线对居民来说更多是心理层面的意义。而"附近"打破了这条界线，因为"附近"是跟你真正有关系的事或人，你们之间的关系有实质的痕迹可寻。那些没有实质性关系的可能不能叫附近，即使感觉跟外面的人不一样。你出了社区，路上的商家可能也会是你的"附近"，虽然它们在你的社区之外。

第三，中国的社区越来越倾向于同质性。当然，一些旧城改造以后，有很多人回迁，他们的社会背景可能不一样，但是同一档小区的业主的经济收入、社会背景、生活方式、意识形态往往是非常一致的。你可以想想，跟你的生活真正有关系的那些人是谁，也许几乎跟你一模一样的那些人其实跟你没有什么实质性的关系。事实上，和你经常发生关系的是快递员，当然不是某一个快递员，是快递员这个群体，以及外卖员、楼下保安、经常去的某家早点铺的人等等，这些人跟你很不一样，但他们是你的"附近"，跟你的生活有实质性的交集，但很少被你看见。同一社区里，你住1栋305，他住18栋501，可能大家都看一样的电影，开一样的玩笑，但在生活中却互相看不见。

如果要概括关系，"附近"讲的是你跟门口卖菜的那个人的关系，你跟地铁站边上卖早点的人的关系。所以像你刚才讲的马叔的例子，我觉得是一个非常美丽的关于附近的故事，通过种花，大家看见有那么一个人。多年来我们可能都知道有那么一个人，但这个人有什么习惯，有什么样的生活经历，为什么会在这里，老了以后要怎么办，这些问题可能从来没有在我们的脑子里面呈现过。这是"附近"，需要去挖掘。

开始种花以后，这个人就经常在花旁边，可能你会让他帮个忙，他进入我们的生活场景，我们就看见了。所以我觉得附近是很重要的，要从看见开始。刚才刘老师在回答志鹏的问题时，也把看见的问题提了出来。你在小的项目投入了一点努力，然后你会看见自己的努力,会看见别人的努力,会看见整个周边的回应。你也会看见下雨,原来会觉得下雨很令人烦躁,但当你自己做出了一种努力,无非就是种了一棵小植物,下雨的意味突然就不一样了。当然你还会看见土壤,会看见旁边的马叔,一下子"附近"就有了自己的生命,更多维度的、实在的东西就呈现出来。

很多人在努力忙着工作,但在购买式的劳动分配制度下,你看不见自己做的工作到底是怎么回事,看不见自己的努力,也看不见别人的努力,你甚至看都不想看,你的"附近"变得非常模糊。有的时候,这种模糊化也是在进行自我心理保护,我们不太愿意去看内部折叠的过程,因为折叠打开以后可能很痛苦、很麻烦,所以很多人选择不去看。

我不是说社区这个概念本身不好,但从现在的管理方式、组织方式来看,社区有它的局限。而用"附近"这样一个概念让我们重新看见我们非常具体的生存状态、看见自己的努力、看见别人的存在,至少可以把社区丰富起来。

最后一个问题留给大家思考:也许中国城市的社区居委会也不是铁板一块,三年疫情期间社区居委会发挥了很大的作用,是不是现在可以考虑改变居委会的组织方式、工作方式,至少改变居委会和居民的交流方式?也许社区花园、社区规划小组,可以是一个启动的契机。这就涉及一个非常大的社会治理问题,即基层社会如何重组的问题。

刘悦来 _ 我也特别想向项老师致敬。这么多年，尤其是在城市更新的背景下，"重建附近"的意义是重大的。因为空间变化如果能够把人的参与性、主体性充分发挥出来，其实是更合乎自然规律的。我本人是在乡村长大的，所以我小时候是没有陌生人这个概念的，周围都是熟人。我们家的房子都是自己建的，对于这种营造我特别熟悉。每一棵植物能结出什么样的果实，有什么样的作用，作为偏方能治什么样的病，我都知道。我们村里也有老中医，我小时候跟他学了一些。所以你刚才说"附近"，我马上就想到我小时候住的地方。我现在在上海住的这个地方，我只能说是一个居所，还不敢说这是属于我的地方。我们说"心安之处即吾乡"，自己要真正达到心安，实际上要靠"附近"，要靠我们去"重建附近"。

当然，每个人会在不同的领域去做，我只是恰恰做了空间设计，也做了相关的规划和景观呈现，这个角度又恰恰可以很真实地被大家感知到。我非常期待和项老师有一些研究上的交流，也欢迎你到上海，到我们这些社区花园现场看看。

项飙 _ 谢谢刘老师。这可能也是我们进行跨界对话的一个目的。从我个人作为研究者的角度来说，非常希望把社会研究和像你们这样的实验性实践结合起来。中国的社会修复需要做出跳跃式的突破，把思考、研究真正地和实践、生活联系起来，进而产生一门为生活服务的社会科学。

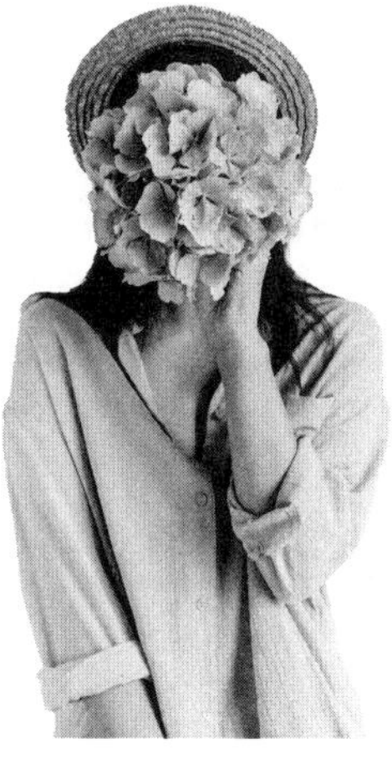

第五章

在动物园看动物，其实也是在看自己

项飙对话"百兽之王"沈志军

项飙：

　　社会修复需要我们找一些把手，找一些启动点，动物就是一个很好的启动点。对这个启动点要有一种尊重，有一种注意力，尊重就代表着我们需要对它持续注意，尊重它有自己的需求。这种持续性关注，作为一种看生活、看人的方式，也是需要学习的。

沈志军：

　　我们不断地去感染着社会，让社会感觉到动物园是一个生命与生命对话的地方。不仅仅是我们饲养员去照顾野生动物，去和它们对话，还有我们的社会公众。我们只有用一种很好的沟通方式，才会打破不同生命群体之间沟通交流的壁垒，让相互之间更加了解、更加尊重，相处得更加和谐、更加快乐。

在这一场对话中，我们把目光从对陌生人的关注，慢慢扩展到对其他存在物的关注。

沈志军是南京市红山森林动物园园长、中国动物园协会副会长。他在 2008 年的时候加入南京市红山森林动物园，是当时中国最年轻的动物园园长。因为给几千头动物做园长，他给自己取了个网名"百兽之王"。通过这些年的动物园理念革新和展区升级改造，红山森林动物园里动物的野性和天性得到释放与表达，人和动物的关系也发生着持续的变化。

本场对话将从人与动物、人与自然、人与自我的关系等多层视角展开。

红山动物园有什么不一样

沈志军 ＿ 我先介绍一下红山森林动物园。

1954 年南京市政府在玄武湖公园里的菱洲上面建立了玄武湖动物园，菱洲比较小，占地面积只有 96 亩。1995 年，红山森林动物园筹建处挂牌，开始基础设施建设。直到 1998 年，动物园整体建设完工，并将玄武湖动物园里的动物全部迁过来，红山森林动物园（以下简称红山动物园）正式对外开放。

如果从 1998 年算起，红山动物园的年龄是 25 岁（至 2023 年）。最初它的物种只有 100 多个，到现在拥有 260 多个物种，3000 多头（只）动物，来自世界各地的一些濒危旗舰物种在我们动物园里面也得到良好的照顾、保护和繁衍。其中有中国的一些特有物种，比如川金丝猴、长臂猿，有来自婆罗洲的红猩猩，也有来自非洲、南美洲、大洋洲的物种。

我们对动物园的认知也是在不断变化的：从最初的动物园把动物养活养好，能够供城市的客群观赏就行，逐渐地变成我们要对每一个动物个体好，要尊重它们的生命，再逐渐地转变成我们要尊重生态，尊重自然。现在我们依托这些物种，去展示它们野外栖息地的生态环境，以及这些栖息地是如何得到良好保护的。红山动物园在理念上不断更新，这样就保证了能够让更多的城市人去了解这些神奇的生命，去了解神奇的生态系统。

段志鹏 _ 沈园长好，我很好奇，动物园园长的具体工作是什么？比如说你最近在忙什么？

沈志军 _ 我最近在思考红山动物园冈瓦纳场馆的问题。我们会去观察游客如何体验、驻足，以及动物对新生活环境的适应性等，之后再去提升完善。

还有一些将要扩容开放的区域。比如我们有一个新的片区要开放，我们如何抓紧时间去完善，动物如何逐步进驻并适应这个环境，以及不同的饲养员要怎么跟动物进行磨合等，都是我们要思考的。

我对红山动物园的未来也有一些思考。毕竟一个动物园里面，不仅涉及动物学，还涉及营养学、行为学、医学、心理学、生态学、植物学、建筑学等，我们甚至还研究动物生活区域的人文、风土等。将这些元素有机地融合在一起，我们才能向游客和公众去传递较为准确、全面、立体和饱满的信息。

眼睛是心灵的窗户，万物皆通

段志鹏 _ 沈园长，你第一次在动物园工作的时候是怎么跟动物交流的？怎么去看完全陌生的动物？

沈志军 _ 小时候我父亲带我去过动物园，我为人父的时候也带孩子去过动物园，但是那时候看动物真的就是一种娱乐。等我真正到红山动物园当园长之后，我更多的是去看动物的状态，这个状态不仅仅是它们的行动，如踱步、跳跃、游泳、攀爬等表达出来的状态，更多的是通过它们的眼睛流露的状态。

在红山动物园里面，我和每一个物种都对视过。时间久的话，真的能从它们的眼神里面读出它们的内心世界，是欢快，还是有点恐惧、有点窘迫，抑或是有点烦躁。尤其是跟饲养员在一起了解更多后，就会知道动物饿了会是什么状态，吃饱了、满足了是什么状态，它在不同状态的时候有什么眼神。

段志鹏 _ 在语言交流没法实现的情况下,你是怎么知道动物过得舒不舒服的,怎么能够看到的?

沈志军 _ 有句话叫"眼睛是心灵的窗户",这不仅仅适用于人,其实万物皆通。尤其是哺乳动物,只要有生命,有眼睛,跟它相处久了,你都能够通过眼睛体会到它内心深处的那种心理语言。

段志鹏 _ 可以举个例子吗?比如说在什么时候,你对哪个动物的眼睛印象特别深刻?

沈志军 _ 比如我们有一只亚洲象路麦,它的丈夫叫麦哥,它们两个其实是姐弟恋,感情非常好。路麦年龄比较大,性子沉稳,做任何事情都非常稳健,处变不惊,所以在它的眼睛里面我们看到的是一种中年的沉稳和温柔。而麦哥小它 9 岁,小年轻经常搞破坏,不是破坏门,就是破坏栏杆。我去看它的时候,有时候能看到机警和狡黠,这表明它不愿让人靠近,我就会问饲养员最近麦哥是不是在发情期,他说是的,从那种眼神里面能够看出愤怒、烦躁。

像大型灵长类动物,尤其是红猩猩和黑猩猩,都是大型类人猿,它们的基因跟人类基因比较接近,是人类的亲戚。从它们的眼神里面,我们也可以看到它们今天是过得舒适、满足,还是有点不愉快,有点孤单。当我把手放在玻璃上的时候,它们也会用手贴着玻璃;我把手背翻过来的时候,它们也把手背翻过来,那时候我的心都快被融化了。我经常路过的时候去看看它们,它们也会走过来,坐在我的面前。一般情况下它们都比较安静,我跟它们对视的时候,仿佛内心的一切都被它们看穿了,它们的眼神那么安静祥和,又那么睿智、深邃。跟它们在一起相处,烦恼会被抛到九霄云外去。

段志鹏 _ 沈园长,根据你刚才的描述,我觉得你可能不仅仅是在看,还有一种呼应在。尤其当你把手放在玻璃上的时候,它们也会把手放在那里,这种呼应关系不是一个物品能够带来的,确实得是一个生灵才能带来这种感觉。

我们去动物园的时候,可能只是偶尔过去看一眼。看一眼跟你这种长期看、长期追踪相比,会有什么不同吗?

沈志军 _ 应该有不同。你经常去看它,有几天没去就会有一种思念,有一种牵挂。尤其像有时候小动物生病了,我去不了的时候,就会去问它的奶爸奶妈或者医生,真的就有这样一份牵挂。

有时候会有一些社会上的志愿者来帮助我们红山动物园共同做好服务、咨询、讲解工作,甚至帮助饲养员去做一些动物照护工作。这些志愿者不仅仅爱红山,爱动物,还从内心把动物园当作一个生命向上的地方。他们把自己的爱和热情不仅仅送给我们的小动物,也送给游客。

与有些动物接触的时间长了,对它们的感受也会不同。其实我从小非常怕蛇，看见蛇我就会吓得脸色苍白。但是调到动物园来后，可能也是同事们给了我心理上的影响，我看到他们给蛇做手术，并且护理照顾它们，慢慢地对蛇也不是那么畏惧了，也能够接受它们了。我觉得这是一种微妙的心理变化。

怎么看动物

项飙＿沈园长，你把动物园做成了一个令人向往的地方，我觉得这真的是很大的功劳。比如你刚才讲到把动物园的饲养员等做成了让很多小朋友、年轻人向往的职业，又把动物园做成游客去那里不仅可以观赏，而且可以反思，还可以浸淫式地去体会自然的一个场所。

你刚才讲看眼睛，我的理解是，对一般的游客来说，可能并不需要很多的动物知识，同样可以用一种拟人化的方式，平常怎么看人的眼睛，他就可以把那一套对喜怒哀乐的基本判断转移到动物身上，产生共情。

那么我的问题是，饲养哺乳动物，比方说大象、猩猩，和饲养你刚才讲的两栖动物或者鸟类，饲养员对动物的感情有什么不一样？当有一些动物，我们没办法用非常直接的拟人的方式，把它想象成一个人，比方说一条蛇或者一条鱼，他的投入是怎样培养出来，需要更多的时间还是需要更多的知识？

沈志军＿不同的饲养员和不同的动物个体如何相处，或者如何培养感情？我们在招募年轻人到团队的时候，就问他：你喜欢动物，但你最怕什么动物？很多人都会说怕蛇、怕蜥蜴，也有一部分人说怕猛兽、怕尖嘴的动物，当然也有人什么都不怕。

每个人对生物界的畏惧不同，可能这是刻在基因里面的。我们在分配饲养员的时候，他从骨子里面就害怕某种动物的话，就不能安排他去养那种动物，因为他不一定养得好。如果没有惧怕的动物，我们就会相应地对他进行一些综合性的培养，先熟悉各个岗位，熟悉各种动物，熟悉操作流程和安全流程，最后给他定岗。大部分饲养员还是能够适应的，一方面是我们的有意安排，会让一个刚刚走上岗位的人去饲养他比较喜欢的动物，另一方面是他自己的那种喜爱，就像谈恋爱一样，一见如故。

也有一些人说不上来害怕什么，那就可以给他安排各种饲养岗位。和动物相处久了，就会变得跟家人一样，他就能认出所饲养的一群动物里面的每一个个体。我们园有一个小姑娘，她养着一群犀鸟，在我看来，所有的犀鸟长得都一样，但她给这19只犀鸟都起了名字，飞过来一只，她就能叫出这只犀鸟的名字，非常用心。我们养的细尾獴也是一群，20多只，饲养员都非常清楚，这只叫什么，那只叫什么，这只喜欢吃什么，那只喜欢吃什么。

饲养员对动物有一种了解，也有一种信任。我们有一个饲养员养着两只白眉长臂猿，多多和果果，它们俩的性格不一样。在长臂猿家族里面雌性比较强势一些，雄性是被压制的。有一次，雄性的多多要偷袭饲养员，结果被它老婆果果看到了，果果就立马冲过来制止了这次偷袭行为，那么果果这时候的心理是什么？在我们园内，强势的不能多吃，弱势的不能少吃，这叫和谐取食，我们会在个体之间训练这样的配合。有时候多多可能不开心，饲养员先把好吃的给了果果，多多就会来攻击他，这时候果果过去给多多一巴掌，教训多多今后不能这样，要尊重奶爸。

饲养员说起这件事情的时候，我们哈哈大笑，但是从另外一个角度来讲，他们所养的这些"毛孩子"各有个性，但是共性就是有感情，他们是像家人一样的存在。其实有时候不仅仅饲养员和自己养的动物会产生情感，一些志愿者、小助手、其他场馆的饲养员，也会产生这样的情感。比如有一些和我们关系比较好的兄弟动物园，彼此都是"亲家"了。为了某个族群能够延续下去，不能近亲繁殖，两三代之后我们就开始交换血缘，就会互相以"亲家"相称，问问我家的"毛孩子"到你那边生活得怎么样。像前段时间有个"亲家"的一只白眉长臂猿到我们这边来，可能因为气候、环境、饮食习惯不同，就有点茶饭不思，饲养员可能会日夜不离地去陪着它，让它愿意接受一个新的环境。

项飙 _ 你刚才讲到冈瓦纳新场馆，冈瓦纳是一个非常有意思的概念，是现在的地球板块形成之前的古大陆可能的样子。所以你把各个洲的动物集结在一起，这是一种很有想象力的、与遥远历史相呼应的动物集结方式。

我还了解到，你在红山动物园里面开设了另外一个区，跟冈瓦纳很不相同，就是集结周边本土的动物，比方说我们以前在南京地区、日常生活里面见过，或者现在还有的动物，像獐子、野猪、猫头鹰，其实游客对这些也非常感兴趣。这是两种非常不一样的对动物的展示方式，一种是展示来自远方、在视觉效果上非常有震撼力的陌生动物，另外一种是展示在我们身边但是平常不太注意的那种动物，给人一种陌生的熟悉感。两种方式好像都引起比较多的反馈。

所以我想了解，游客在这两种观览情景下分别有什么反应，一般会提哪些问题？另外，从设计的角度，你希望这两种动物展示方式分别带来什么样的社会效益？

沈志军 ＿ 我们的本土区展示着长江中下游的一些动物，这些动物其实就生活在我们身边，但是很多人不知道。这可能是因为动物园的自然教育做得不好，以前的动物园经常说要引进老虎、狮子、斑马、长颈鹿这些大型的、有名的动物，而像生活在我们身边的貉、狗獾、黄鼠狼这些，可能是我们平时不容易关注到、体形又小的动物，但恰恰是它们在生态环境里面起到了很重要的作用。

所以我们的本土区就把物种和环境之间的关系展示出来，我们不是做一个笼子展示动物，而是做一个生态系统，让物种个体融于环境，让游客看到之后知道生态平衡离不开每一个物种的贡献。所以我们在展出本土区的动物时，有很多人看到我们的介绍，说这个动物园还展出野猪，野猪有什么看头？但是真正看到野猪，人们才知道原来野猪是长这样的，野猪不是新闻报道里面那样凶神恶煞的。为什么现在野猪进城了？其实并不是野猪进城，而是城市建设扩容，我们把城市建到野猪的家里面了。野猪并不会主动去伤害人，只有我们威胁到它的时候，它才会做出伤害人的行为，其实是在避险。但是人类不懂，人类以为它是在攻击我们，陌生有时候就会引发这种误会。

冈瓦纳区域则是另一种展示方向。几亿年来，地球板块的运动漂移造成了海水的退和涨，很多生物不得不从大海里向陆地上迁移，比如说植物爬上陆地，从没有维管束的、低矮的植物，进化到有维管束的、高大的乔木，海里面的一些动物也爬上陆地，呼吸器官由腮进化成肺等，这些都是地球生物多样性的基础。地球生物多样性又给人类带来当前幸福无比的生活，我们的生活资料无不是来自大自然的恩赐和馈赠，所以我们要学习如何和大自然相处。我们现在正处于第六次生物大灭绝时期，前五次生物大灭绝都是因为一些自然的原因，比如说行星撞地球或者极度的寒冷等，而90%的科学家都认为这一次是因为人类的工业化生产、农业化生产造成动植物栖息地破碎，进而导致现在的环境危机和气候危机。

所以不管是冈瓦纳区还是本土区，都要让每一个游客能够理解生物多样性的重要。我们帮助参观过的游客建立人与自然如何和谐相处的概念，帮助重建这些小动物的生存环境，让地球上的生命能够有序共生，其实就是帮助我们人类自己。

段志鹏 _ 一个之前从来没有接触过动物，或者没有接触过两栖类、哺乳类动物的人，第一次摸到动物的时候，感受一般是怎样的？

沈志军 _ 其实这是一个克服心理障碍的问题。我们也遇到过有的饲养员一开始怕蛇、怕蜥蜴的情况，但这些动物是不会主动伤害人的，只是因为它的外表，比如说冰冷的触感或者光滑感，才让人觉得恐惧。所以我们首先要和饲养员灌输这个概念，当然在此之前，我们要让他了解安全操作规程。同时我们也不会强迫任何饲养员去接触他们害怕的动物，只有他们心里真正愿意尝试接受，我们才慢慢地让指导老师去带他们。

记得 2012 年我去英国的布里斯托动物园，那里就有一节很好的自然教育课，教孩子们去接触自然，去了解各种不同的生命。他们会饲养一些无毒的玉米蛇或者蜘蛛，让小朋友们去触摸，去体验这个生命的存在。我本来特别怕蜘蛛，去了之后，那边的老师就拿了一只特别大的蜘蛛放在我手心里面，同时进行讲解和心理疏导，但绝对不是强迫我接触，是我做好心理准备之后才去接触。只要迈开第一步，之后你就完全放开了。

我们在本土区里就做了一个老灶台，里面养着一条无毒的黑眉锦蛇，这是一个场景式的营造，因为在农村里，黑眉锦蛇经常会游到灶台边上。其中有两个原因，一是灶台比较暖和，蛇想在这儿获得一些温暖；二是灶台上有一些食物残渣，会有老鼠跑上灶台去吃，这时候黑眉锦蛇就会去逮老鼠。老人都说蛇是祥瑞之兆，不要打它，其实就是说万物相生相克，蛇是可以抑制啮齿类动物的，有了蛇的存在，家里就不会存在老鼠。我记得2021年的国庆节，本土区刚刚开放，我也在那边观察游客的体验状态。我就看到一个妈妈带着孩子，孩子说这里面有蛇，要去看一看。妈妈就不敢看，说蛇多怪异，多恐怖。但孩子非要看，妈妈没办法，就把孩子抱起来看，自己扭过头不看。这时候就听孩子说，"妈妈你看，这条蛇真的好看，真的好可爱"，妈妈拗不过孩子，就正过头来看了一眼，看完之后瞬间释怀，她说这蛇还真的蛮好看。

动物园通过各种各样的场景，让每一个人在里面都能找到契合点。不管是你原来喜欢的动物，还是你原来觉得面目狰狞恐怖的动物，你都能找到一个契合点，让你对大自然、对不同的生命产生一些特别的印象，即使以前不好的印象也可能发生转变。我觉得动物园的神奇之处可能就在这儿。

人类用范畴把世界打包，动物有自己的一套

项飙＿沈园长讲到饲养员和动物的关系，我觉得这太重要了，饲养员平常的工作其实是小朋友都很感兴趣的，但是在我们的主流社会，成为饲养员似乎并不是一个小朋友该有的雄心大志，也不是家长会拿来鼓励小朋友的奋斗目标，所以饲养员的大量工作都没有被认真地表现出来。

当然，刚才你讲到饲养员跟动物建立关系，其实一个很重要

的环节是个体化,他那种真实的感受和互动不是对一个物种,必然是对某一个体。他对一群犀鸟的区分,我觉得不是一个长期互动的自然结果,不是因为熟悉了慢慢就看出差别,这种个体化可能是一种主动的追求,因为它在个体化过程中产生了感觉,会进一步投入。如果没有个体化,就不会跟整个有群体有感情。

另外,你讲到的教育项目中的触摸也是这样的具体化。当没有看到具体的东西,我们对世界的理解都是通过一些大的概念或者范畴来实现的。"蛇"就是一个范畴,这个范畴不仅仅是一种描述,而且是要产生意义的。我们人类用范畴来描述世界的时候,是把世界打包的,打包不仅仅是一个信息整理的过程,而且要建立一种意义上的秩序,把所有这种爬行的、长条的、长鳞的动物叫作蛇,之后又有很多故事、传说中的艺术形象会跟进,把蛇跟一定的意义联系在一起,形成一种阴险的、不可知的、非常沉默的、能够攻击你的形象。

当然,部分蛇具有毒性,这种毒性又跟猛兽的凶狠不一样,因为猛兽是你直接面对的,所以猛兽往往会被转化为一种勇敢的象征,蛇永远不会被转化为勇敢的象征。即使毒蛇的攻击性很强,也不会有人把蛇想象成一种手段很高明的形象,都会把它想象成一种阴险的形象。所以这样的打包显然不是对动物世界的描述,事实上是对我们人的生命状态的一种反映。我们老在害怕阴险,所以找了一种动物,把这种意象给投射进去。打包之后我们觉得这好像是对世界的一种客观描述,但没有想到其实我们在这个过程当中已经偷偷地注入了种种意象和含义。怎么样解脱？就是要具体化，我们了解到每一条蛇的情况都是不一样的，这个时候就会有一个新的理解。

我觉得今天动物园的含义和功能确实发生了非常大的变化，沈园长的一个很重要的工作是进一步推进动物园的变化。我就想到，在中国古代的文化背景下，吃野味这件事情的背后有比较深的含义，甚至有政治含义。这原来是一种宫廷文化，来了比较重要的客人，你要怎么样显示对他的尊重，或者怎么样让他留下深刻印象？就要给他吃特别奇怪的动物，这是一种权力的展示，代表只有我能够征服这些野生动物。[1]后来出现私家动物园，不论在中国还是在外国都如此，在家里头可以养一只老虎、一只熊，这也是征服。在殖民主义时代，一些人要把兽头带回家挂在大厅里面，我们觉得这挺吓人的，但是在他们那里就转化为一种英雄主义、一种征服的象征。当然之后有了很大的变化，就是我们对动物的态度从征服又转变为保护，这是一种对动物权利的尊重。

我觉得历史也是很复杂的。我们知道世界上第一部动物保护法[2]是1933年纳粹德国通过的，纳粹组织是动物保护的领先者，他们在保护动物的同时，又对犹太人、对其他少数民族进行系统性

---

[1] James L. Hevia, *Cherishing Men from Afar: Qing Guest Ritual and the Macartney Embassy of 1793* (Duke University Press, 1995).
[2] 1933年11月，纳粹德国颁布了现代世界第一部动物保护法——《帝国动物保护法》。这部法律堪称欧洲历史上最全面的动物福利法规，这部法律禁止诸多对动物的不当对待，包括将动物用于拍摄电影等引起动物疼痛和健康损害的行为。又有说法是，《马丁法令》是人类历史上第一部反对人类任意虐待动物的法令，是人类与动物关系史上的一个里程碑。1822年，人道主义者查理·马丁提出的《禁止虐待动物法令》在英国国会顺利通过，这就是著名的《马丁法令》。之后，英国又三次增补该法令，将保护动物的范围延伸至"所有人类饲养的哺乳动物和部分受囚禁的野生动物"。

的、彻底性的,用所谓的科学方式进行杀戮和灭绝。所以他们对动物的那种保护,我觉得也是非常居高临下的,就是说我保护你,从我的角度去定义你也有一定的权利。

但我觉得沈园长刚才讲到的,不是一种居高临下的保护,而是有一种敬畏在。动物本身有自己的生态状况,有自己存在的理由。我们当然要尊重大于保护,把人和动物放在更平等的一个位置上。而动物园的一个很大的功能,是让人们更进一步地去学习和了解它们。

我又有一个问题想问沈老师。刚才讲到触摸,可能通过触摸一些无毒的蛇,孩子们能够对蛇这个物种有更加丰富的了解,从而跳出原来范畴式、概念化的了解。同时,我们看到很多孩子对动物的了解确实是通过触摸实现的,比如猫和狗的宠物化,人类把它们驯化,这从一个很重要的侧面反映了人和动物的关系。

你讲到猩猩可以通过手和眼神与人进行交流,动物园里的动物已经不完全是动物了,它们在一定意义上是人化了的动物,因为它们跟人生活在一起,而且这在很大程度上对动物有好处,至少这个个体得到了更多的关怀。我们也通过这样对动物有更多的了解,但是我们显然也不想把动物彻底地宠物化,让它们变成随时都可以触摸、可以拥抱的动物。你怎么看这个问题?

有三种动物,我觉得可以探讨。

第一种就是在野生状态下的动物。其实它们对人是害怕的,就像你刚才讲的野猪,它攻击人是因为害怕。

第二种是人化了的动物。它们在动物园里面,对人慢慢适应,处于一种过渡状态。

第三种是已经宠物化的动物，我们把它们当成生命，但其实是通过人的想象投射的生命。这又可以细化，有这样一类家畜家禽，比方说工业化饲养的鸡、牛、猪，有的鸡被捂上眼睛一心一意长肉，有的猪被彻底流水线化地养出来，这种方式就比较极端。这个时候我们已经不把它们当成一个生命在处理了，我们只把它们处理成一坨肉。这是一个很大的哲学议题。

我觉得这是一个有意思的问题，其实宠物和工业化饲养的鸡、流水线化饲养的猪只有一线之隔，为什么我们在这一刻对一个动物崇拜和溺爱，然后一转眼，在一个大型的流水线养鸡、养猪产业里已经完全没有生命概念了？是不是我们对生命的理解也应该更加丰富一点？动物园里面人化的动物，人们又不想把它们宠物化，你对此有什么看法？

沈志军＿项老师，你的问题非常深刻又富含哲理。我从以下几个方面来探讨，不一定非常准确，仅代表我自己的一些观点。

首先是动物园里面的动物。先说说项目动物，就是蜘蛛或者蛇之类的，放在手上让小朋友们去认识的动物。这在国际上叫自然课堂，在行业道德、职业操守方面是被允许的。通过训练让人对动物脱敏，让人对这种动物不觉得恐惧。脱敏之后要用二指法触摸，就是每个学生只能用两个指头从一个方向向另外一个方向轻轻地抚摸它，接触它，感受它的体温。这是行业里面我们惯用的操作规则和流程，让动物习惯被抚摸而不产生应激，从从业者的角度来讲叫职业道德，从动物的角度来讲叫动物福利。

其次是宠物。经过几万年，人类把野生动物驯化成人类的伴侣，成为宠物，比如狗、猫。研究者们通过对它们的肠胃道进行解剖，发现野外的猫科和犬科跟现在的家猫、家狗已经开始有一定的区别，估计再过几万年，它们可能就成了两个物种。

现在有很多人喜欢猫和狗，它们也变成人类生活的一部分，我们称之为伴侣动物，它们可以填补人的情感空白。它们成为人的伴侣的同时，人也在陪伴着它们。如果没做好思想准备就养了一只宠物，当它把你的家拆掉的时候，你又讨厌它，把它扔掉，这是很不道德的。既然是伴侣动物，你就要想好，从收养它或者从宠物店把它带回家的那一天开始，你就要对它的一生负责。在这个过程中，伴侣动物也会给你很多心灵慰藉，经过几万年的驯化，它们已经觉得人类不会伤害它们，对人类很少设防。宠物是长期驯化而来的。

动物园里面的这些野生动物代表了它们在野外的同伴，它们是来到城市的动物大使，承载着宣传教育的作用，同时它们也是野外种群在动物园里面的延续。所以一个好的动物园不应该是野生动物的消耗场所，而是应该开展各项研究，去支撑野外工作的科研机构和保护机构。所以很多人说动物园是挪亚方舟，如果没有动物园，很多的野生物种可能就没了。比如我们知道大熊猫是国宝，曾经是濒危物种，其实除大熊猫之外的濒危物种可太多了，像长臂猿、白颊长臂猿、白眉长臂猿，都已经很少了。我们有责任在动物园里面为这些物种延续它们的血脉。前面谈到种群管理，也就是要经常换血缘，不能让它们近亲繁殖。这是第一。

第二是一定要保持它们的野性。虽然我们的饲养员和它们有良好的默契和信任，能够训练它们在非麻醉状态下配合饲养员自愿采血、监测心跳、做B超、量血压等，但这不是撸猫行为，而是一种医学训练。我们做这些训练是为了减少它们在接受医学检查的时候因被麻醉而受到的伤害，完全是从动物福利的角度出发，在非麻醉状态下获取它们的健康指数，是为它们的健康着想。同时我们要"去宠物化"，就是不能把动物园里面的这些野生动物当作自己的宠物，否则就违背了我们这个行业、这个职业的底线和操守。它们不是我们的宠物，我们必须要和它们保持一定的距离，同时也必须让它们骨子里面的那份野性保留下来，这才是一个合格的动物园应该做到的。

为什么要保留它们的野性？因为我们希望在全球各个国家政府对野外栖息地开展各种保护的情况下，野外栖息地恢复之后，动物园里面的个体能够回到野外，这时候它们不能失去自己的生存本领，比如说觅食、躲避天敌、谈恋爱、繁殖、养护自己的孩子。所以我们动物园人一方面要和它们建立信任和谐的关系，另一方面要和它们保持距离，要让它们保留野性，建立野生动物和野外自然的关联。现在我们红山动物园所讲的丰容[①]，就是在场馆的建设过程中

[①] 丰容（enrichment），动物园术语，是指在圈养条件下，为丰富野生动物生活情趣，满足动物生理心理需求，促进动物展示更多自然行为而采取的一系列措施的总称。

尽量模拟野外栖息地的环境，去锻炼动物的嗅觉、视觉、听觉、探索能力，甚至躲避天敌或者捕猎食物的能力。这样，未来10年、50年甚至100年之后，野外有栖息地了，我这群"毛孩子"就能回到野外，它们的后代也能保持野性。

还有一个类别就是项老师刚才说到的养殖动物。工业养殖是批量化的，就像你刚才说的，在人类的眼里它们就是一坨肉，从生下来可能就没见过自然的阳光，没接触过真真实实的土地，它们的一生就是在一个小笼子里被流水线化的作业操纵，甚至接受的光照都是用全光谱灯模拟的，几十天或者几百天之后就变成了一坨肉，被端上人类的餐桌。

在我们这个行业，不仅仅是动物园里，还有像动物养殖农场、销售宠物的商店，都有动物福利标准。动物福利简单来讲有五大方面，即要让它们免除饥渴，免除困顿，没有病痛，没有压力，自由表达。农场里的动物也一样，千万不要说它们没有思想，反正几十天之后就变成了餐桌上的肉。人类文明发展到现在，我们一方面在科技、文化、经济方面有足够多的发展，但是另一方面人类也在审视自己，我们应该如何和另外一些生命相处，文明应该彰显在哪些领域。比如现在有奶牛场会让奶牛听音乐，听了音乐之后奶牛放松了，产奶量也高。深层次的研究结论是，如果动物个体长期生活在一个比较压抑或者窘迫的环境里，体内的激素分泌是不平衡的，肾上腺皮质激素会很高，可能会抑郁，血液里的皮质醇含量就高了。当它们变成一盘肉的时候，里面残留的激素其实对人类自己的健康是不利的。所以我们讲养殖动物的福利，养殖动物安全了、健康了，提供给人类的食物才是安全、健康的。

像在我们动物园的本土区，我们除了给受伤的动物提供一个良好的环境，还做了一个农田生态。农田生态系统其实是人类和大自然之间的一个缓冲区，人类在这个区域作业或者获取粮食，同时有些动物也会来到这里觅食，比如说鸟类或者其他食草动物、小型兽类，这时候我们怎么去对待它们？我们以前单一地为了获得高产量而使用农药和化肥等，但农药杀死虫子后，多多少少会有残留，这些残留农药会被人类摄入，而且大量使用化肥之后，土壤的物理性质都会板结。土壤不健康，人类哪有健康的粮食？所以生态系统是一个循环，这样的循环需要我们人类用更前沿的智慧去思考。

通过谈论动物，人和人的关系也可能会变化

段志鹏_ 谢谢沈老师。刚才听你跟项老师聊天，我觉得自己对自然社会二分的认识有了转变。比如我们以前会说这是自然环境下的动物，城市就是人的社会或者人的环境，把自然跟人、社会做了完全的分割。听你讲的时候，我其实在想，其实它们不是完全一分为二的，而是有很紧密的联系。

刚才沈老师提到要把动物园恢复成动物自然生存的状态，但我理解这不是完全恢复，不是要把它模拟成一个百分之百的自然环境，而是尽可能地把它营造成向自然环境过渡的状态。这让我

想到，可能动物园像一个边界一样，因为我们现在的城市对自然来说，已经是完全不可见、不可感的，怎么在恢复感知的情况下建立一种边界成为新课题。这有点像一个光谱，光谱的一端是宠物化或者养殖、人为控制因素非常高的状态，另一端是纯自然、不受人干涉的状态。我感觉这个光谱其实是很模糊的，人在自然中其实会有各种各样复杂的角色。

我想提的另外一个问题是关于个体化的。通过个体化，我们才能去感知到这个东西的复杂性，感知到这个东西不是一个被打包的、抽象理解的样子，蛇不是蛇的抽象定义，而是蛇本身。

沈老师提到动物福利，是关于怎么去对待每一个动物，而不是抽象地对待、抽象地尊重。这对于看见附近的陌生人，也是很有启发的。我们对人也有很强的分类倾向，他是什么样的人，他来自哪里，历史上因为这种分类造成过很大的危害。当你的理解越趋于个体化的时候，这种危险性反而是越低的，或者说这样你才能理解这个东西是很复杂的，比如蛇并不一定就是危险的。

基于以上的讨论，我想问问两位老师，我们在动物园环境里对动物的关注，对于我们看见身边的陌生人这个话题有什么样的启发？

项飙＿当然，动物园把很多陌生人联系到一起。上次跟刘悦来老师谈在城市里种植，也谈到植物种植给社会提供了一个很有效的把手，一讲到植物，所有人都有话题了，可以一起做事了。一些陌生人原来没有什么话可说，见了都互相害怕，但是说起种点什么花草，大家都感兴趣。

从人和人的关系来讲，动物其实也是一个非常重要的话题。通过对动物的谈论，人和人的关系也可能会变化。

动物园里面可能有很多志愿者原来是社恐，不愿意见人，但见动物没有问题，而且他可能会特别喜欢动物，也可能是动物让他走出了家门，和别的人发生了关系，这种关系不一定很亲密，但至少有一些互动。所以他就不仅看到了动物，也通过动物看到了人。哲学家彼得·辛格（Peter Singer）讲动物福利①，我觉得他也是通过动物这个话题引出了一些新的社会道德哲学问题。比方说工业化饲养，已经是社会生产的一部分，就像沈老师刚才讲的，经过上万年的驯化，狼变成狗，现在狗和狼是两回事。我并不是说要反对饲养，但工业化饲养会引发什么新的问题？

我们会提出一些关于疼痛、痛苦的概念，会进行反思，这些概念不是动物提出来的，而是人提出来的，还是人和人的讨论。包括你讲的动物园的功能应该是什么样的，动物园的动物应不应该保持野性，动物园里动物和饲养员的关系，最终还是人和人的交流。

在当今的社会环境下，很多观点是撕裂的，对于很多社会性议题，越谈观点越分裂。在这样的情况下，动物是不是也给了我们某种意义上的拯救？一方面很简单，大家都能看到，动物会引起兴趣，但另一方面，动物也可能会引起很多深刻的思考，关于什么是生命，什么是生活。沈园长，你有没有观察过很具体的例子，比如

---

① Peter Singer, *Animal Liberation* (Avon Books, 1990).

饲养员生命经历的变化，比如社恐青年通过接触动物打开自我，走出自闭，或者一些人通过认养动物克服一些心理障碍，重新建立和他人的关系？动物园有这方面的探索吗？

沈志军＿ 其实动物园对整个社会、对每一个公众来讲并不陌生。从1742年世界上第一个动物园——维也纳美泉宫动物园诞生之后的200多年来，几乎全世界每个人都知道动物园的存在。

但是，从动物园从业人员的角度来说，他们没有到动物园的时候其实是彼此陌生的，到了动物园之后因为分工不同，也不一定互相了解。我2008年来到动物园，2009年就开始尝试做一些破冰游戏，以增进员工之间的了解。我要求园内的每个领导都去挂钩一个场馆，去帮助一线饲养员搭栖架，做一些义务劳动。场馆之间也会去做一些破冰活动，比如说一个场馆做一些大型工程，需要干力气活、技术活，就让不同场馆的员工一起合作，大家在干活的过程中了解到谁是张三，谁是李四，王二是什么个性，是社恐还是社牛，等等。我觉得这是一件很有意思的事情。我记得有一次我和大家一起在猴山搭栖架，工程量比较大，栖架需要很粗的木头，还要在上面摆上各种麻绳或者消防水龙带给猴子玩。我爬上去之后，下面的人就把绳子递给我，我手一搭，搭上杠子，摸到一手冰冰凉、湿乎乎、黏糊糊的东西。我说好像不对劲，是猴子留下来的粪便。所有干活的人都兴奋地围上来看，有的人还问这是哪一只猴子干的坏事。以前大家不了解，甚至从事文职工作的人和在一线干活的人之间有一种与生俱来的鸿沟或者壁垒,但通过一起抬木头做栖架,陌生感瞬间就化解了。

还有像给动物铺生态垫料,动物园以前没有这个意识,以为水泥地最干净,而且好干活,铲了粪便之后用自来水一冲就干净了,但其实这对动物并不好,越是水泥地的动物园越有异味,因为粪便的残留会渗透到水泥地里,冲得再干净也会有异味。生态垫料就是模拟在野外有枯枝落叶、有泥土的场景,形成一个稳定的发酵床,饲养员每天把被污染、有粪便的垫料取出去,再重新垫上新鲜的。过了一两年之后,要把所有的垫料全部拿出去,重新再垫上新的。这样工作量是比较大的,不同科室、不同场馆的人都会过来帮忙,大家在过程中相互认识,甚至会结下很深的友谊。

工作人员之间由陌生走向熟悉,不同场馆的饲养员会介绍自己场馆里面有什么样的动物,讲一些故事,说一些科普知识,这样其他场馆的人也会对整个动物园的保护理念有更深的理解。

动物园还有一大群体就是游客。游客慕名而来,每个游客之间是陌生的,饲养员和游客之间也是陌生的。我们要求所有的饲养员能够站到前台来和游客沟通,进行科普讲解。一开始他们很腼腆,面对游客围观的时候说一句话都脸红。后来我就跟他们说,不要去背讲解词,太生硬了,可以说我是奶爸,它们吃什么,我怎么给它们配餐,它们一天拉多少,我怎么给它们铲屎,这几个孩子之间有什么故事,比如说谁会欺负谁,谁的性格是什么样的……根本就不需要准备任何讲解词,这样去说就行。慢慢地,我们的饲养员也就成了说故事的老师。每一场故事说完之后,他们身边的游客会越聚越多,他们往往走不到后台去,因为不断有游客去与他们互动和交流,这样就让更多的游客了解了红山动物园,而且让他们想要了解更多、更深层次的知识。

观察游客之间的关系变化也很有意思。游客一般都是陪伴家人而来,这两年我们发现游客群体在发生变化,曾经是爷爷奶奶带着小孩子来的多,现在越来越多的是年轻人,比如大学生、年轻的情侣,或者年轻的爸爸妈妈带着自己的孩子。他们把这个地方当作一个陪伴家人、陪伴朋友的场所,来晒晒太阳,在草坪上坐一坐,看一看动物,听我们的饲养员讲一讲故事。也有越来越多的游客被饲养员感染,主动报名成为我们的志愿者,这是让我非常感动的。这些志愿者有不同的年龄、不同的背景、不同的特长、不同的经历,还有从不同城市赶过来的,有附近上海、杭州的,也有从北京、广州过来的,他们可能就是利用自己的公休假过来做一个礼拜的事情。

志愿者和我们的工作人员形成互补关系。像很多的场馆需要有更多的导识导览系统,也就是科普展陈系统,传统的做法是用机器打印出来,拿着板子往那儿一挂就行了。但随着更多的志愿者参与进来,他们用手一笔一笔地画出来、写出来,这和机打的是两种感觉,游客们认为手绘的非常有人文味道,非常有温度,传递着一种情感。动物保护不仅仅是我们的一句口号,也不仅仅是一个动物园的事情,而是我们身边的人都参与进来的事情,他们是真正的践行者和保护者。

还有很多游客认养了动物园里的动物。比如不少人认养了园内的小熊猫,其中一个认养人拍到她认养的小熊猫在吃饭,后面一只调皮淘气的小熊猫推了一下她认养的小熊猫,结果她的小熊猫就从上面啪地掉下去了。其实小熊猫的身手还是比较敏捷的,要掉下去的时候会转变自己的身体姿态,所以它不是摔下去的,而是跳下去的。但是那个认养人看到这一幕之后,就向我们反映,让我们要管一管,说"他家孩子打我家孩子"。很多认养人也会自发制作他们所认养的毛孩子的徽章、手办、钥匙扣之类的,制作后就在我们动物园里互相赠送,动物园俨然成了一个交友的平台。有时候我在巡园,他们也会送我,比如我就有一个本土区的黄鼠狼徽章,做得很精致。他们真的把这件事情当作一种荣耀,和大家一起分享。

我们也曾经联合南京市的一些特殊学校做过自闭症儿童的心理治疗,特殊学校的老师会带着孩子来我们动物园观察动物,能看到孩子在观察动物的过程中绽放出自然的笑容。动物园不仅仅提供了一个场所供大家交流,满足大家对大自然的渴望,更多是利用自己的资源提供给各个群体一些特殊的服务。

我记得我们在熊猫馆策划过一个活动,有一个患自闭症的小男孩经常来,后来他能够非常大方地给其他游客做一些讲解,突破了自我。我觉得自闭症患者有一种把自己关在一个狭小空间的倾向,不愿意跟别人沟通交往,但当他迈出这一步之后,他的未来、他的人生都会迎来更多的灿烂。

还有，我们出了一本书叫《熊在吗》，这本书的成形过程很有趣，是源自我们一个饲养员的发现。熊的场馆改造之后囊括了一座小山头，完全是一个生态了，这只熊在这样一个生态环境里面有更多的自然行为，它想爬树就爬树，想吃就吃，想睡就睡，想躲藏不被你看到就不被你看到。而且这个场馆很大，人们经常错过这只熊。所以饲养员就在窗口挂了一个本子，希望每一个游客去记下他看到的熊的状态。结果游客真的会在上面写，比如"熊在睡觉""熊在爬树""熊在打架""熊在吃饭"，还有"no bear"（没有熊）、"Where bear"（熊在哪儿）。有的人绘画天赋非常高，就会画下来，比如熊在树干上面睡觉，两只熊在打架等。没有看到熊的游客会很失落，但是他看到记录本之后又会很兴奋，会感觉到一种安慰。后来我们完完整整地把所有游客写的一页一页地整理出来，形成了这样一本书，非常有意思。这本书的作者叫"许多人"，就是说这是由500多个陌生人共同完成的。我觉得我们这儿成了一个社交平台。

也有很多人把红山动物园当作自己家一样，尤其是《红山动物园是我家》出版之后。这本书记录了我们的13个饲养员和他们所照顾的小动物们发生的一些趣事。从里面的点点滴滴就能够看到我们的饲养员怎么从新上岗、新来到动物园，到最后和毛孩子们形成像家人一样的感情。在动物园里面，每一个人都承担着不同的角色，可能在一开始的时候，他们不知道怎么去打开动物的心扉，怎么去打开游客的心扉，怎么打开一个陌生同事的心扉，他们无所适从，但是我们有着特有的打破壁垒的方式。

我们还出了一本书，也是比较有意思的。很多人都觉得猩猩很可爱，问我能不能抱一抱他们，我说不行，他说你替我摸一摸它们，我说也不行。后来我们就策划了一本书，封面是用摸上去毛茸茸的材质做的，这本书叫《我们不是野兽派》，作者是三只猩猩，里面的画都是猩猩们在饲养员的陪同之下创作的。有人把书里的画拿给一位大学美术老师看，他说这个学生厉害，值得培养，前途无量，后来跟他说这是猩猩画的画，他就不相信。艺术史学家王瑞芸老师说"艺术由您定义"，这真的是一句非常有哲理的话。南京师范大学的朱赢椿教授与我们合作设计，也非常用心，他把我们每一位猩猩画家的介绍都写上，把每一幅画都编上号。编号方式很有用意，就是色彩编一次号，用了多少次再编一次号，最后摸索出一个规律出来。朱老师对每一个猩猩作者的性格做了定义，比如说它用笔比较大胆，比较热情奔放。我们好像觉得它们都是非人类的物种，其实跟它们在一起相处久了，会发现它们是有思想、有思维的，通过画能看出每一只猩猩的个性。

通过这些事情，我们不断地去感染着社会，让社会感觉到动物园是一个生命与生命对话的地方。在这里，不仅仅是我们的饲养员去照顾野生动物，和它们对话，而且有着几大类生命群体，比如饲养员、野生动物，还有社会公众。我们只有用一种很好的沟通方式，才会打破不同生命群体之间沟通交流的壁垒，让相互之间更加了解、更加尊重，相处得更加和谐、更加快乐。

尊重意味着我们要持续地注意，每次看都看到新东西

项飙＿我觉得《熊在吗》这本书非常有意思，它告诉我们，其实有时候我们对一件事情的感知，来自陌生人的转述比自己的直接感知更有趣。在现代社会，这种转述往往被认为是谣言的来源，大家都有一种对谣言的恐惧，极度不信任，其实这是很有伤害性的，陌生人之间的口口相传本来是非常美好的。

志鹏和我有一位共同的朋友郝楠，他是一位非常有经验的志愿者。很多人认为发生汶川地震的 2008 年是中国公益事业元年，从这一年开始，很多年轻人去做志愿者。郝楠对汶川地震的描述给我留下很深的印象。他说，陌生人碰见，会互相告诉需要解决什么问题，需要什么样的信息，需要什么样的资源，他们又会把这样的需求跟另外的陌生人说，另外的陌生人一般就会有一定的解决方法，很快把一个有特殊困难的个体的情况变成社会上共同反映的事件，一个个体的建议也会转化为一条链式的共同行动。

就像沈老师讲的，很多游客来了没看到熊，但是看到了陌生人看到的熊，他觉得更有趣。本子里有很多各种各样的熊，其实比他自己直接看到的熊更加丰富，而且他看到了其他陌生人如何看熊，又多了一层含义。因为人们来动物园，特别是红山动物园，看的不仅是动物，看的还是自己和动物的关系。人们站在动物面前看动物，这只动物是站在你面前的动物，你也在看着自己，所以你看着的是动物，但是你已经在这里有了投射，这不是高深的道理，小

朋友就是这样做的。小朋友去看动物，看的不仅仅是一只可爱的动物，看到的是自己的一个投射，他觉得这个动物跟自己很像，非常可爱，他觉得他可以去关爱动物，他可以这样去看动物，这种能力是很令人愉悦的。

小朋友那么爱看动物，并不是因为动物长得奇怪，带来直接的视觉上的愉悦，而是因为一种生命互动带来的唤起，对小朋友生命自我主体的唤起。所以他去动物园，说希望看到熊，但是他看到其他人对熊的看法，看到其他陌生人，这令他非常愉悦。《熊在吗》这本书引发的我的第二个问题是，为什么会有陌生人的接龙？一个起点是你们改造了熊的场馆，让熊可以躲藏，这里不是一览无余的，不是以游客为中心的，一定程度上是以熊的生命为中心的。所有的游客都愿意接受，觉得这样好。很多人来了以后看不清楚熊，或者看到的只是一个侧面，有的时候只看到一个屁股，有的时候只看到半张脸，有的时候看到一闪而过的身影，这就显得很丰富，陌生人和陌生人之间才有话可说。

这里的起点其实是对熊的尊重，熊可以选择不让人看，正是因为有了尊重，就有了边界。我希望来看你，能够看到更好，看不到也没有办法，所以带来了话题、猜想，以及对其他陌生人已经看到的各个侧面的兴趣。正是因为这里不是一览无余的，所以话题就很多，形成了这样一个链条。也正是因为尊重，大家谈得会更加上心，更加投入，而不是说"无非是一只熊，有什么可说的？""去想象一只熊不是很矫情？"。如果你有了尊重，话题就变得非常丰富。动物是一个比较容易开启的话题，有一定的社会修复功能。

另外，其实动物作为一个话题，除了门槛比较低，让大家都容易发言，还有一个更加能动的方面，就是动物会逼着我们不断地提出新的话题。《熊在吗》这本书也提出了，熊本身有各种各样的需求，这就逼着我们不断地去说。我看沈园长建园很重要的一个工作是公共交流，假设不把前前后后的变化作为故事说出来，比如为什么要重新设计这个园区、饲养员和动物之间究竟发生了什么，整个观看效果是完全不一样的，有交流和没有交流是完全不一样的。

以我的理解，在你的动物园里，交流不是一项辅助性工作，而是基本上跟动物的照料饲养一样重要的工作。因为我考虑的是社会修复问题，社会修复需要我们找一些把手，找一些启动点，动物就是一个很好的启动点。而且刚才沈老师讲的也给了我更具体的启发，对这个启动点要有一种尊重，有一种注意力，尊重就代表着我们需要对它持续注意，尊重它有自己的需求，有自己的能动性，不是你能一眼看穿的。你要不断地去看，每一次都看到一个新的东西，这就是持续化，持续化之后就能打开很多话题。

就像沈园长提到的，原本的动物场所被设计成一览无余的，在高处一眼看得到。一眼看见，注意力是即刻的。把场所重新设计以后，不仅给了动物一个更好的自然环境，而且让我们注意到，我们和动物的关系已经完全变了。我们去看的话，不是即刻地看，必须持续关注，而且是集体性的关注，要不断地回来再看。

社会修复和陌生人的关系也是非常重要的一个侧面。我们讲的陌生人其实都是陌生化的结果。有些人老见面,但永远是陌生人。我们刻意地不靠近,每一次都是一次性地看见,相当于做了一个套子,没有把它打开,没有真正把注意力投射在这个人身上。这种持续性关注,作为一种看生活、看人的方式,也是需要学习的。

和谐取食与优胜劣汰

项飙 ＿ 我想再问一下沈老师,你讲到的和谐取食,这是一种人为的介入。在自然生态里面,确实有适者生存的问题。对相对弱势的动物进行保护,在动物园的场景里我是完全可以理解的,但是如果从哲学层面,你怎么看?因为自然本身有残酷的一面,有淘汰机制。这种淘汰是对个体的淘汰,但是整体的生态系统是有很强的坚韧性和持续性的。

人类把自己带入之后,跟我们前面讲的可能有点矛盾,但我觉得这是很有趣的问题。我们会希望对弱者个体进行保护,但这其实跟自然法则是不一样的。如果跳出动物园,你对和谐取食有什么看法?你对和谐这个概念又有什么样的看法?可能自然界的和谐和我们在人间感触到的和谐是两回事。

我为什么提这个?又回到跟陌生人之间的关系。我们对陌生人有时候是不具有同情心的,有的时候会用自然法则来解释,陌生人过得不好是因为他自己不努力,或者这是没有办法的事情。总体社会要向前进,有一些人的利益可能就得被牺牲掉,所以我们也不应该给他过多的注意力,每个人都要往前赶,整个社会会变好,这是有一点社会达尔文主义倾向的,也是强化人和人之间的陌生感的重要原因之一。人和动物的关系,人和人的关系放在一起有点绕,但我想问你对和谐取食的哲学基础有什么样的反思。

沈志军_ 这的确是一个比较有挑战性的问题。从自然保护角度来说,在大自然中一定要遵守优胜劣汰的自然法则,虽然很残酷,但是我们不要去过多干预。比如你在非洲大草原看到一头狮子去吃羚羊,你会去保护羚羊吗?你不会的,因为狮子也要生存,而且狮子能逮到的羚羊基本上是老弱病残。大群体里面的弱者被淘汰掉,强者继续生存。这是大自然里面保持物种优势的一个手段,有积极的意义,从野外来讲是这样。

在动物园里面就不一样了,个体比较少,我们不能因为它在这个群体里面比较弱,就依据自然法则把它淘汰了。动物园里的每一个个体都有积极意义,从基因的多样性来讲,我们有责任保持个体的存在,并且让它的基因有所表达,能够传承下去,所以我们就需要在动物园这个有限的空间里面保证每一个个体的健康。

另外,动物园大种群中间有一些强势个体,或者有一些明显社会地位的表达。比如在群体里你是老大,那我认可,我不干预,我顺从你们的群体法则,但是我不能让比较弱势的个体就这么被淘汰下去。对于老七老八,我也让它们有足够的营养来支撑,这是我们动物园里面的伦理。还有需要我们出手保护的时候,比如猩猩或者狼打群架，我们就要出手相助，给被打败的个体治疗，给它们特殊待遇。等它们伤好了之后，我们还要把它们引回群，即使会再次被揍，它们也要回去，因为每个个体只有回到群体里面，才有个体的价值，这也是它们的福利所在。如果不回到群体中，由我们人来饲养，会有角色定位的错误，它都不知道自己是一只猩猩或者是一匹狼。每天跟人生活在一起，看似福利好了，吃喝都没问题，但其实是有悖规则的，它没有回到自己的群体里面。在这个过程中，我觉得我们的"和谐"其实是有一定的社会意义和必要的。

不把人类当中心，反而使我们有更丰富的感触和思考

沈志军 _ 前面项老师说了很多人和动物的关系，包括人到动物园来能有什么所得，我很想跟项老师交流人和动物的关系、人和动物园之间的关系。动物园到底是一个什么样的存在？除了物种保护、教育和科研，还有什么？

它不是一个冷冰冰的机构。我们动物园正在传递着一个理念：做一个让人建立同理心、寻找到共情的场所。比如我经常在巡园的时候看到金丝猴妈妈和宝宝互相抱在一起，互相理毛，有的金丝猴是由爸爸带，我经常听到游客里有小夫妻在谈论，妻子跟丈夫说，你看人家金丝猴爸爸带宝宝带得多好。有了这个场所之后，就像项老师说的，不用太多的语言，就看它们的行为，欣赏它们爱与被爱的能力，你的同理心就会油然而生，行动力就会被感召出来，潜移

默化的责任心就会被唤醒。

我觉得动物园还是一个让人学会换位思考的最好的场所。没有爱的时候，你总是会从自己的角度出发，而一个好的动物园真的会折射人性，在那里，你会学会自我反思，学会站在他人的立场上去思考问题。我觉得要打破陌生化，你得学会换位思考，学会站在他人的角度去看问题。有时候陌生化是见了面之后，顶多点个头，不愿意走进对方的世界，这也意味着从来不会从他人的角度去思考问题。我觉得动物园不仅仅是以游客为中心的动物园，它更是一个以动物为中心的动物园，让人类学会更友好地相处，受到一种友好的感召，建立一种友好的认知，去探索有所期待又不可预测的未知，这样人类才会得到很多的启发。

项飙 _ 我觉得沈老师讲得特别好，到最后其实是去人类中心，反而使我们有更丰富的感触和思考。

段志鹏 _ 是的，讨论到现在，我会觉得动物园对于人的价值可能确实是在教育意义上。不是知识的教育，而是当你看到不同的生存方式，你会觉得它没有那么理所应当，没有人类的一些规范或者标准。

我记得之前跟沈老师聊的时候提到，当你拿人的标准去对待动物，你觉得好的，对动物来说可能是一件很坏的事情。动物园让你看到不同的标准或者不同的生活处境，帮助你理解你是生活在一个由很多不同事情组合在一起的世界里，而不是生活在一个只有你自己单一价值的地方。

还有一个问题想问项老师，我们在这么多场对话中，不断地聊怎么看见陌生人，怎么跟陌生人一起做事情，以及在这一场聊人和动物的关系，对你来说有哪些启发？有哪些问题值得以后再去探索？

项飙 ＿ 志鹏刚才讲看到他者，但我觉得动物园有意思的地方是，其实你看到的不是他者，你看到的还是自己。你看到的是已经半驯化的动物，是人化的动物，即使我们努力保持它的野性。动物园原来是一个让人快乐的地方，我想在今后，它会慢慢地真的变成一个思想性越来越强的地方。因为你看到的那个东西总是在向你提问，就像我们今天问的很多问题其实都没有非常明确的答案：究竟我们应该怎么样对待动物内在的不平等关系？我们作为人应该去做什么？哪里又是边界，我们不应该做什么？

我觉得之前的几次讨论也有一条线索，"你好，陌生人"说的不仅仅是我们要对陌生人好一点，要有更多的交流，陌生人之所以是陌生人，是因为你是你，你站在这个陌生人面前，有了各种各样的眼神、表情或举止。有人说保持陌生化，保持边界，是互相保护的最好方法。但陌生人不是作为另外一个人存在，他的存在是一种关系，是他和你的关系，关键是我们怎么去思考这个关系。我觉得对这种关系的探寻可能是所有对话里面的一条主线，在这场对话里面，这个问题又显得特别突出。

我觉得之后要继续讨论的问题很多。这几次与我们对话的都是在专业上非常有成就的专家，我更希望知道年轻人在生活中具体的经历是什么样的。他们感到孤独吗？这是一种跟我们原来想象的不一样的孤独，他可能觉得跟陌生人交往的压力大于这种孤独带来的烦恼和痛苦，像这些我也不太知道，是需要分析的。

我希望进入具体的案例，看看在一些陌生人不断交会的地方，人际关系如何发生变化。比方说不是专门搞动物研究的普通人去了红山动物园，看动物的过程对他们和人的关系究竟产生了什么具体的影响？我们还可以深挖一些其他场景，比如办公室文化、宿舍文化、静寂的车厢。还有一个比较有中国特色的场景，即在餐厅里面一群朋友坐下来吃饭，大家都看手机，基本像陌生人一样。

如果说这五场对话作为一个开始，给我们提供了一些大的问题，接下来我们要看这些大的问题在日常生活里究竟是怎么展开的。比方说关于动物这个话题，我真的挺好奇我们和不同动物的关系。对宠物的爱和对工业养殖动物的完全无视，好像可以非常自然地发生在同一个人身上。有一种动物崇拜，同时又有一种动物无视，我一下子解释不清楚。如果能引起大家在日常生活里类似的思考，这些讨论就有了意义。

段志鹏 _ 谢谢项老师。与其说要从这五场对话找到什么答案，我倒觉得很多问题只是展开了而已。参加对话的专家们对于很多领域有深入的理解，这是基于专业知识或者特定实践的。但是我们的日常生活里确实还存在很多问题，无法用专业知识去解释，需要有更多的人参与进来，从日常生活出发，说清楚陌生人这个话题在生活里面是怎么展开的，这样我们才能够去更好地思考怎么跟陌生人建立联系。谢谢两位。

第六章

"你好,陌生人"是"附近的消失"议题的延续

作为物理空间的附近当然是在的,"消失"的意思是"附近"在你的意识里面是非常模糊、非常空的。一方面我们总是考虑自己,内心越来越敏感,越来越复杂;另外一方面,我们通过社交媒体,看到的都是一些远处的、充满了情绪的大事件,让你的情绪也不断波动……感觉到对自己的生活失去控制,像在荡秋千一样,被来回摆弄。

所以我们说"发现附近""重新看见附近",是希望能够看到自己的生活究竟是怎么样以一种具体的方式构造出来的,社会生活是怎么样以一个具体的面目出现的。通过这种方式,我们至少给自己一种可控制感。我们对生活有了可控制感之后,对事情的看法会更加平衡,更加细致,少一些焦虑。

在本书系列对话进行的同时，项飙老师联合三联人文城市共同发起了"看见身边的陌生人"主题故事征集活动，经过一个多月的时间，收到了来自网友的大量分享，其中也有不少向项飙老师的提问。在本书的最后一章，项飙老师对来自网友的慷慨分享和提问做出回应。

问题从"为什么要去看见陌生人"开始。

项飙＿ 我们发起"你好，陌生人"这组对话，有两方面的考虑：一是在形式上，探索怎么能有更好的对话方式；二是在内容上，通过陌生人这个议题来反思自己的生活。我先说一下为什么要采取对话这种形式。

对话的主要目的不仅仅是要说出东西，了解彼此的经验，更加关键的是，我们设了一个"场"，可以把很多青年朋友引进来，成为参与者。在这个场里，对话一来一去，中间就有些空间，大家会同意这一点或那一点，觉得这个说法跟自己的经验相符，或者那个说法听起来对，但是跟自己的经验不太相符，觉得有点拧，进而思考拧在哪里。这是一个激发的过程。

虽然对话是双方进行的，又因为有段志鹏、贾冬婷参与其中，形成了三方，但最关键的是第四方，就是我们要激发的对象。同时我们又在每组对话后征集大家的回应，收到了很多非常有趣的反馈。

一个来自小红书的反馈很有趣，既可以解释为什么要对话，也可以解释为什么要谈陌生人。这位朋友在旅游时会随身带一点小礼物，跟当地小孩或者老人聊天的时候，就送对方一个小礼物，让对方很惊喜。比如在欧洲参观完一个博物馆后，她送给博物馆里的志愿者阿姨来自中国的小礼物，对方非常开心。相对于中国的传统文化，带这样的小礼物给陌生人，是一种全新的行为方式。在中国文化中，礼物非常重要，礼物的"给"和"还"都是在一个高度确定的程序下进行的。我送给谁礼物，为什么要送这个礼物，作为什么角色送，对方作为什么角色收，什么情况送什么礼物，都有一个程序。送礼者不一定有什么具体的目的，但也不会无缘无故给别人送礼物，这个道理大家都懂。

　　但是你送给陌生人的小礼物，其含义是完全不一样的。你不是把一个礼物送给某一个特定的人，你送礼物的对象其实是当地的社会整体。然后对方——一个陌生人给你微笑或者拥抱，你感受到的也不仅是这个个体，因为你和这个个体没有直接的关系。你可以理解为，这个陌生人在代表当地整个社会对你微笑，所以你就觉得你跟当地的社会整体建立了一种关系，你觉得被拥抱，然后融入一个大的社会整体。这种感觉给了你一种喜悦。

　　可以看到，在这个场景下，陌生人是你和世界之间一个很重要的桥梁，通过与具体的陌生人的互动，你和更大的世界、更大的社会发生关系。

　　我们当时之所以选择"你好，陌生人"这个主题，也是因为这是对"附近的消失"议题的延续。作为物理空间的附近当然是在的,"消失"的意思是"附近"在你的意识里面是非常模糊的、非常空的。一方面我们总是考虑自己,内心越来越敏感,越来越复杂;另外一方面,我们通过社交媒体,看到的都是一些远处的、充满了情绪的大事件,让你的情绪也不断波动。你觉得周边的日常是很无趣的,没什么可看的。这样导致的后果之一,是我们感觉到对自己的生活失去控制,不断地有大的事件发生,我们像在荡秋千一样,被来回摆弄。

在对生活失去可控制感的情况下,人的回应会是什么?人会本能地有一种强烈的控制愿望,希望每件事都有明确的计划,如果跟不上计划,就害怕一步错步步错。我们不能够放松,造成很大程度的紧张和焦虑。

所以我们说"发现附近""重新看见附近",是希望能够看到自己的生活究竟是怎么样以一种具体的方式构造出来的,社会生活是怎么样以一个具体的面目出现的。通过这种方式,我们至少给自己一种可控制感。我们对生活有了可控制感之后,对事情的看法会更加平衡,更加细致,少一些焦虑。

我们选择"你好,陌生人"这个主题,是因为觉得这提供了一个与周边、与附近发生关系的具体操作方法。也就是说,要去看陌生人。我们周边充满了陌生人,但平常我们都是视而不见的。"你好,陌生人",不是要我们直接跟陌生人交朋友,而是要我们去观察、去注意、去想象。这个陌生人,他此刻在想什么?学会看人之后，你周边的面目会清晰起来。

贾冬婷 _ 您提到礼物的例子，我还挺有启发的。回到"礼物"这种给予的本源，它可能没有那么强的目的性，但它是建立个人与附近、与大的社会关系的一个中介和桥梁。我也希望这场谈话，以及我们之前的五场对话，能够让我们与大家共同找到这种礼物式的桥梁。

项飙 _ 大家给我们提的这些问题，都是基于自己生命经验和生命思考的，对我来说，对我们整个项目组来讲，这都是一种礼物，我们是带着非常感恩的心去接收的。

你们给我们写，也不是说给我个人或者是给项目组里具体的人写。你们其实是要写给一个更加公共性的群体，是要跟世界分享。所以我们也是非常幸运的，在这样一个代表公共的位置上，收到你们和世界分享的礼物、你们的思考。

跟陌生人交往，是一种场景阅读，
是对自己生命经验的调动

贾冬婷 _ 那么，我们就按由远及近连接陌生人的顺序，像水波纹一样，把大家的"礼物"一一拆开。我们收到的反馈中有一类是分享了他们观察陌生人、与陌生人打交道的故事和感受。这一类涉及我们平常说的最普遍意义上的、字面意义上的陌生人。

比如说小红书上的网友"鬼鬼祟祟的树",他与学校保安交流,从陌生人到朋友,一步步地成长。还有在医院里带孩子看病的妈妈,接收到了陌生人的帮助和善意。还有在超市工作的一个网友,他跟环卫工人交流,环卫工人给他带来了新的应聘者。还有来自滴滴司机的一些关心、小摊铺前的交流……这样一些案例,实际上有的时候不是主动与陌生人展开的接触和交流,但是破冰交流借助陌生人的善意,往往会开启一场很奇妙的谈话。

我觉得这是建立社会信任的第一步。所以我也在想,这样一些被动式的来自陌生人的善意,在我们"看见陌生人"的意义层面是不是也有一定的价值?

项飙 _ 对。在日常交往过程中,碰到陌生人看起来是一种比较被动的状况,因为我们没有刻意去做什么。但其实,在日常生活里面很多有意思的事情,都是以一种比较被动的方式发生的。我们像流水一样的日常生活里面,有的时候会有小水花突然出来。关键的一点是,你看不看得见。其实有趣的事情随时都在发生,那么我们有没有注意到这些事情?

还有另外一些事情,它没有直接给你什么帮助,无非是一个微笑,或者说一段有一搭没一搭但很有趣的对话。所以怎么样去培养我们自己的这种感知能力?温暖总是在那儿的,温暖总是飘散在空中,关键是你能不能够捕捉到。

大家的分享特别有价值,正是因为虽然是很小的事情,但是大家注意了，做了记录，而且做了分享。这是需要付出的，是一种努力。虽然可能当时跟陌生人的互动是被动的，但这种努力完全是主动的。付出了努力，那个看似不经意的被动里就可能生长出新的东西。

贾冬婷 ＿ 我在《三联生活周刊》做了十几年社会记者，我们有一句话：在采访过程中，尤其是在一些负面事件的采访过程中，需要去仰仗陌生人的善意，仰仗陌生人的慈悲。

寻找采访对象，这带有一定的目的性。这些采访对象可能对你来说就是陌生人，他会说为什么要回答你的这种深层次提问。你在敲门的时候，你不知道他会对你有什么样的回应。这是一层意义上的陌生人。还有他周围的社会关系，包括项老师刚才提到的社会整体，这样一个复杂的、一层层涟漪漾开的社会现场，是一个更广泛意义上的陌生人。在感受这样的环境的时候，你会对这件事情有更深层次的体会。有时候这也被我们认为是写作中的一种环境证据。所以我觉得在不同的社会现场，我在深层次地跟社会陌生人接触、观察他们、与之打交道的过程中，其实就深深地体会到了来自陌生人回馈的礼物。

哪怕是负面的社会事件，你也能体会到其背后不是非黑即白的、具有社会复杂性的那一面。感受到的陌生人的善意，这种体会是之后人生中很丰厚的财富，我也分享给大家。我相信项老师在做社会学和人类学调查的时候，可能也有这样的体会。

项飙 _ 我追问一句,冬婷你当时作为记者,特别是事件比较复杂的时候,要得到被采访者的支持,最重要的是靠什么?我们经常觉得,很多中国人觉得多一事不如少一事,干吗要说自己认识的人的一些是非。你是不是要让那些陌生人理解、认同你做这项工作背后的意图?还是要通过什么样的解释,去赢得他们的支持?

贾冬婷 _ 一方面我们不会隐瞒身份,尤其是对带有明确的访谈意愿的对象,我不会装作跟这件事情无关,还是本着一种真诚的态度。我也知道有些采访是暗地里进行的,但往往这样会造成双方之后的一些不信任,整体心态上也会有变化。

另一方面,我觉得还是要更多地去理解陌生人。我首先要知道他的生活环境和生活现实,然后换位思考地去跟他聊天。我们不会以太强的目的性去追问事件中的人。彼此之间通过慢慢沟通,也就是和陌生人生活层面的沟通,是可以建立信任的。信任建立起来之后,他会打开心扉,这一扇门就敲开了。这其实不是一个强目的性的沟通。我还挺怀念那种跟陌生人打交道、聊天的过程。人和人之间,哪怕是陌生人之间,还是共性大于差异。这种共情共性,其实双方都是能体会到的。

项飙 _ 我觉得这很有意思,你刚才讲到要想象他的生活场景、他自己的感知。因为相处时间很短,有时候我们的想象可能也是不对的,但是陌生人会体会到你做了这样的努力,你努力在想象他是怎么想的,他对你的看法会不一样。

和何袜皮对话时我们提到,现在的人会在网络上跟远方没有面目的陌生人倾诉,但是跟身边的人并不交流。这两者之间的关键差别,就是你讲到的场景。

大家会愿意对远方的、匿名的、完全的陌生人倾诉。"倾诉"会变得戏剧化,因为对方不知道你的场景是什么样的,不知道来龙去脉,大家只看到你当时孤立的情感,是愤怒、屈辱,或者不可思议。这种情感就会放大,整个事件就非常戏剧化。

但是跟身边人的交往是不一样的。因为如果你以同样的方式讲述这个事件,身边的人可能会觉得比较烦,可能觉得这件事情没有那么戏剧性,会觉得你当时也可能做了不对的事。你要和身边的人深入交流,就要讲得比较细,要有反思性。

所以刚才冬婷你讲到,要对陌生人进行深度了解,场景感是一定要带入的。你带着他的场景感,你想象他怎么想,才会有比较细致的聊天。如果想把事情搞成那种爆炸性的新闻,其实不采访可能是更好的。越是在远方想象它,越容易火上浇油,事情就变得更加戏剧化。

贾冬婷 _ 所以我们当时也强调去到现场是很重要的,面对面的交流是很重要的。比起当面沟通,通过电话或者其他线上的方式,比如写邮件,或者看他在社交媒体上的分享,效果都会一重重打折扣。所以我也很理解,现在大家在社交媒体上的站队,好像就是标签化的。你提到的日常生活中这种交往能力的重建还是很重要的。

有很多网友发来问题，也有人分享他们去主动地看见陌生人、接触陌生人的故事。

比如说我们的邮箱收到一个故事。网友"Xiangyi Jing"使用了一个模拟写信的 App，通过 IP 地址显示距离的远近，服务信件到达的时间会因此相应地发生变化。如果你与对方近在咫尺，可能他半小时就能收到这封信。但是如果对方远在海外，就可能要经历一两天才能收到。他就通过这样的方式，在两年的时间里认识了几十个不同的人，还有各种层面上的交流。他也觉得这个过程拓宽了一些自己的认知边界。

以及刚才项飙老师提到的，在旅行的途中给陌生人送礼物这样的行动，我们都觉得是一个挺好的去跟陌生人产生交集的桥梁。

项飙 _ 我开始一看到"模拟写信"四个字，我以为说的是人工智能写信，因为最近大家都在谈 ChatGPT。其实不是。信完全是由 App 用户自己写的。它模拟的是古时候的书信，考虑到接收者的 IP 地址在世界地图上的定位，远一点的信要经过几十个小时才能够到达。比如伦敦的人给上海的朋友通过互联网发信，这封信可能需要 72 个小时才到达。我在想，这个设置有什么意义？大家可能觉得时间长一点或短一点，到最后对方都读到这封信了，结果还不是一样吗？我觉得这就要回到刚才冬婷和我提到的场景感。

社交媒体有一种高度的抽象性，它把时间和空间统统地抽干了。所以你看到的，就是你写的那些符号，但感知不到这些符号是来自哪里。运用这个 App 的人不能期望对方即时回信，会有等待，有一种期待，知道交流这件事情要花时间、花耐心。这种等待，让你对时间和空间有一种直觉意义上的感知。

我也很好奇，是不是这种感知会使他的交流本身也变得更加扎实、在地？也会比较小心，比较认真？因为微信式的就事论事，或者说即刻式的交流，中间没有喘息，没有反思，整个过程是被简化的。这个创意有意思的地方是把交流的质地感、场景感加入进来。

和陌生人对话，其实很大程度上是一种场景阅读。因为陌生人本身是谁，在刚开始的时候你还不知道。你所知道的是场景，然后你可以根据你以前的生活经历对他有一个猜想。通过猜想，你把自己以前的生活、经历、生命历程跟眼前这个人进行了对接。所谓猜想就是以己度人，你形成一种投射式的理解。对方是能够体会出来这个猜想的。你的猜想是居高临下的、带着审判意味的，还是比较真诚的，对方能够感觉到你的猜想思路、你的猜想风格是什么样的。这会导致很不一样的对话结果。

所以，主动跟陌生人交往，交往的是什么？交往的是你自己对原来生命经历的调动，你交往的是更具体的场景，是对这个场景更加深入的阅读。

找到具体的把手，感受生命过程的意义

贾冬婷 _ 在连接陌生人的过程中，还有一类是产生了一些结果的。

比如说在社区里的一些行动，像"看见最初500米"工作坊，是何志森老师跟项飙老师一起在广州发起的线下工作坊，有一些案例我觉得非常有意思。比如说有个木匠张默，他在附近捡拾被丢弃的、废旧的椅子，然后重新修复，最后把它们变成可以再被认领、可利用的椅子。还有杨春旭，他是通过对广州一个城中村的大塘制衣工坊的再发现，把一批布的移动轨迹描绘出来，相当于把制衣生态链描摹出来，做了一个作品。

我想问项老师的是，这样为了形成作品而做的连接，对于深度认知陌生人是不是也挺重要的？

项飙 _ 我们那个工作坊叫"看见最初500米"，里面的故事其实非常多。我们的学员来自各个领域，唯一的共同特点是比较年轻，然后大家都有一点边缘化，都想找到另外一种活法。他们也不激进，只是碰到生活里各种各样的问题，觉得不希望再这样持续下去。他们也没有马上要解决什么问题的急迫，只是觉得人之为人，是不是可以再多一点探索。工作坊里都是这样风格的人，极少是从事艺术专业的，都是各行各业的。

我们最初招了将近60个学员，到最后我们有40多位一起做作品。做作品显然不是目的，作品是一个把手。为什么需要这样的把手？因为普通人，包括我自己，不需要解决什么天大的问题，只不过想生活得更加有意思，也希望别人的生活更加丰满。我们眼前的问题不是需要通过技术手段解决或者要做重大决策的，但我们会问、会碰到很多需要去回应的问题。比方说，什么叫亲密关系？什么是爱？什么是信任？这些问题永远没有标准答案，但你刻意不去想它也是不可能的。因为它会追着你，它需要你回应，要求你回应。我理解的人类学也要回应这类问题。

你怎么样回应？我们不能指望通过逻辑推演或者现成理论来解答。每个人的具体情况也是不一样的。我们需要一种灵活且具体的方式去应对这些问题，需要一些把手和工具。

比方你提到的叫张默的木匠。他捡到这些废弃的椅子，把椅子修好，修好之后问大家谁想"领养"。你看他的具体过程：他收到这把椅子，然后看这把椅子究竟破成什么样，再拿手头的工具去修。

这个时候你就会发现其中很有创造性——他不是将这把椅子简单地复原，他会把它修成一个跟原来那把椅子既像又不像的作品，这是一种再创造，是再创造里的修复。他必须对原来破损的椅子有一种敬意，否则扔掉就好了。原本的椅子有自己的完整性，它在人世间作为一把椅子存在过，有这样一种尊严。带着敬意的修复，让椅子有了新的生命。

修复完成，张默会把那么一把椅子的形象发到朋友圈里，他会发文说"我修了这么一把椅子"，同时会有一个简短的叙述：椅子是在哪里捡的，做了什么修复。很直白，但很有意思。然后他问："谁愿意领养这把椅子？"他会要求大家报名，领养的人也要稍微写两句话，去阐述自己看见这椅子后为什么想领养，有什么想法，今后是不是要再转手给别人。他是希望这把椅子能够流转起来。

然后他就看这些话,用他自己的话说是,觉得谁的回应有缘,他就把这把椅子送给谁,还会做一个"领养证明"。如果你用挑剔的眼光看,这不是没事找事吗?你要椅子,找把椅子就可以;椅子修好,给别人就好了,干吗还要搞领养这套,还要书写理由?

但这些都是小的"把手"。它会让你感觉到生命过程中的意义、你自己的意义:人和物的关系,人和人的关系,如何联系起来,联系之后又产生什么感知。我也列不出来这有什么意义,但这个过程让人感到温暖,让人感到有希望又有动力。①

其他几个作品都类似,虽然形式很不一样。关键是参与者对身边一批人的生活状态有重新理解,然后找把手,将自己和那一批人的生活状态建立联系。

"看见最初 500 米"工作坊的作品有 36 件,最后我们将这些作品放在第九届深港城市/建筑双城双年展(2022 年 12 月至 2023 年 3 月)的快递柜里展出。观众怎么样去理解这些作品,又是一个很开放的过程,因为作品不是要告诉你一个结论。椅子也好,其他作品也好,都是个把手。把手背后是什么?把手背后是门,门打开是个空间,那里面都是没有被完全定义的内容。所以这些作品邀请你去打开这扇门。

工作坊和作品给我的另一个感悟是,自我的反思、对情绪的感

---

① 《张默:我修复不了社会,但可以修复几把椅子》,"何志森 mapping 工作坊"公众号,2022 年 11 月 19 日。

知当然非常重要，但是具体地做一件事，或者说有一个小的项目，即使你说不清楚它有什么意义，先去做，也很重要。只要你真诚地去做，只要你觉得这件事跟你心里的某种感觉能契合，做着做着就会不断有事情发生。"你好，陌生人"这个主题如此，其他的主题我觉得也是类似的，所以很鼓励大家按照这么一个方法去尝试。

贾冬婷 _ 刚才说到把手，我想接着提另一个问题，关于把手的有效性。我看到一个来自小红书的例子，是发生在温州的故事。网友的名字叫"慢来生活"，这应该是一个社团。他们分享了一件连续做了 7 年的事情，每周五的晚上请 6 个陌生人一起吃饭，一共举办了 178 场。这个社团现在已经有 1000 多人了。

我觉得这个例子并不花哨，可能花费也不高，但是持续那么长时间一直重复这样的动作，说明它真正产生了连接的有效性。

我想听听项老师的想法，你觉得这种有效的把手、有效的连接，是不是也有一些共性？

项飙 _ 对，就像你讲的，"慢来生活"的例子，外人一耳朵听过去，觉得这有什么好玩的，无非是吃饭。但是最有趣的就是，他们坚持了 7 年时间。7 年时间，我觉得是非常可贵的。我相信，他们能够坚持下来的唯一原因就是这件事有一种吸引力，而且这种持续必然来自内在。

在今天，那么多事情要追求短期的有效性，要把意义写在脸上。在没有开始做事情之前，要把意义说得非常清楚。但与此同时，我们看到了这样一件事情，它的意义是说不清楚的，就是做，让很多人都有感触、有共振，它被一直坚持下来。它让人感觉到生活里的希望，感到有那么一件可持续的、低调的事情在细水长流。这是我的一种非常直观的感触。

代际关系中的陌生：跟逐渐老去的父母对话

贾冬婷 _ 我们看到很多平台上关于"最熟悉的陌生人"的投稿，会提到跟父母之间的关系。孩子们翻阅老照片、跟父母聊天，会发现其实对父母的了解很少。亲密关系中也有自己不熟悉、不了解甚至非常陌生的一部分。

也有人做了一些努力，比如说"看见最初 500 米"工作坊里的林立风。他小时候生活在广州石牌城中村，他跟母亲的关系很紧张。在这次工作坊中，他录制了散步途中的一些声音，还有与母亲吵架的声音、和亲戚谈论母亲的声音，以及他反抗妈妈冷暴力的无声的声音……他试图通过这样的行为抵消他内心对母亲的恨意，试图去理解母亲。①

还有一个例子是卢子艺，她也是"看见最初 500 米"工作坊的参与者。她用热敏打印机把他和妈妈的聊天记录都打印了出来，这

---

① 《林立风：散步是我逃避家庭暴力的唯一方式》，"何志森 mapping 工作坊"公众号，2022 年 12 月 12 日。

让她重新感受了和母亲的连接。我在想，在亲密关系里，特别是孩子与父母之间要打破"陌生化"，是不是更难以破壁？因为把父母看成独立的个体，挣脱已经根深蒂固的关系来换位思考，是比较难的。是不是因为这个原因，在亲密关系里才会存在这样一个需要我们去面对的更深层次的问题？

项飙 _ 我要先稍微补充一下林立风的例子，这是个很感人的例子。功劳首先要归于林立风自己很勇敢地、非常深刻地反思自己的经历，其次是何志森的促进。

这个工作坊最初的主题是"看见最初500米、看见附近"。林立风最早的作品是他在附近散步的一些照片，但这些场景都是我们认得的。何志森就问他："这个'附近'有什么特殊吗？你到底想说什么？"他一开始说："这就是我的附近，附近对我很重要，我就经常散步。"何志森觉得林立风好像对"附近"有一种特别的投入，于是又问他："你为什么老在附近散步，是不太愿意回家，还是有其他原因？"

"附近"对林立风变得很重要，是因为他不愿意回家，而他不愿意回家，是因为他与母亲的关系比较复杂。我们就对他说，如果这是你生活当中这么重要的一件事情，你应该去面对它，也可以利用工作坊来面对它。林立风说好。

他跟他母亲的关系非常差，一说话就吵架。他觉得这是令他很痛苦的事，他说他要把这件事录下来。

当时何志森不同意,觉得他同妈妈吵架的声音毕竟是一对母子的私密谈话,录下来作为一件作品,并不合乎伦理。但是何老师也有一个很重要的工作原则:如果现在做的事情是重要的,那就先去做,至于能不能成为作品,并不重要。

接着变化就来了。变化不产生于录的过程当中,而是在编辑的过程中。林立风说想看看那些录音能不能变成作品。在编辑的过程中,他发现基本上都是自己在说生气的话,妈妈很少还嘴。他又注意到在生气过程中,妈妈说的很多话他完全没有认真去听。你和别人吵架的时候,往往用对方的话来印证自己的正确,再发起下一轮的攻击,所以吵架很无聊,吵架就是把对方所有说的话都转译为自己的单线叙述。你觉得自己在控制主场,对方说的任何话都可以在逻辑上转译为对自己观点的验证。这样把对话变成单方控制下的演进的情况非常普遍,我们需要注意。

回到林立风的作品上。在编辑的过程中,他似乎拥有了第三者视角,重新去看待两个人的对话,突然听到很多原来没有听到的话——那些在物理意义上进入了耳朵但脑子完全没有理解的一些话。他的脑中出现了很多问题:妈妈为什么会这样?

原来他没有想过这些问题,只是觉得"妈妈为什么对我那么坏"。这不是一个问题,只是一种结论,不需要答案,不需要回应。但现在不一样了,他开始思索:妈妈好像对我很凶,但是她作为一个人,她的生命历程是怎么样的?是什么原因让她变得那么缺乏耐心?如果她跟别的母亲不一样,是什么原因让她变得不一样?她在向我解释的时候，我当然听不进去，但是不是也有什么合理的地方？

所以他的整个作品，是从发现"附近"到理解自己真正的痛点在哪里，到以发泄情绪的方式把这个痛点展示出来，再到对这个痛点进行观察和反思，然后提出新的问题的过程。整个过程是自然发生的，事先无法设计，也没有太多戏剧性。它有转折，但这些转折都是在一件事情联系另外一件事情的过程中自然发生的。

以上是我对他的故事的补充。

关于孩子跟父母的关系，中国的情况确实有一点特殊，特别是我自己这一代和父母（70后和50后），以及现在三四十岁的年轻人和父母（80后和60后）的关系。

中国这两代父母经历的变化是非常大的。比方说婚姻，他们是自由恋爱的，但他们又是现在在人民公园相亲角最活跃的一批人。他们自己经历过很多变化，也从变化里得到了好处，但是他们又不断向孩子强调一步错步步错，现在千万不能够犯错，在这个年龄一定要做这样的事情，等等，对孩子提出很高的要求或者期望。但是他们对于自己究竟有怎样的人生，当时怎么想，很少形成场景化的叙述，只有零星的、事件性的回忆。他们讲的无非是"我们过去很苦，你现在要珍惜，你一定不要吃我们那个时候的苦"。现在父母辈还有一个很重要的特征，即对生活进行强者式的归因，就是一定要努力，也不一定说只要努力就有回报，但反正一定要努力。他们很不愿意接受所谓的"非主流"的生活方式，不仅仅是不接受或不认同，还会在道德上进行很强烈的批判。

对年轻人来说，我觉得首先要学会避免丧失自我叙述的能力。这种叙述是需要场景化的，要把自己的具体场景说清楚，才能把自己的经历和感知讲清楚，才能使下一代带入当时的生活状况，理解我们表达的是什么意思。这种叙述能力不仅对自己很重要，对下一代也很重要，否则我们的下一代也要背负对孩子有无限的爱、无限的期望，但是又沉默的父母。我们不想让下一代承担这样的重负。

其次，我们也要注意到，父母的不叙述，对生命的高度单一化理解，也是由各种各样的原因造成的，所以这肯定不完全是他们的错。你可以通过翻相片、听他们叙述，给父母一些把手，激发他们。

现代人寿命的延长意味着我们的父母和我们自己要在退休之后相当长的时间里两个人或者一个人生活。激发他们思考，激发他们说话，激发他们交流，对提升他们的晚年生活的质量也是很重要的。怎么样激发他们，打开他们的思路，大家可以作为课题来研究。

这是我们所有人今后要面对的一个比较重要的生命课题：如何跟逐渐老去的父母互相激发、展开对话。

病了，才看到完整的自己

贾冬婷 _ 重新建立关系，建立在对独立自我进行重新认知的基础上，让自己从既往的捆绑关系中抽离出来。

我们再进入"陌生人"话题的下一层，就是回到我们自己。跟陌生人建立关系，最终还是要回到自己。

我想分享一个邮箱里收到的长达 38 页的日记型投稿，来自小芮（化名）。她分享了自己当下正在做的事情，包括在叙利亚和土耳其地震期间，通过联合国难民署寄出救灾物资，与邻居通过便利贴来互相留言、赠送水果等。

同时她还讲述了她在 2023 年被诊断为创伤后应激障碍（PTSD）这样一段特殊经历。虽然她可能仍在病程中，但是看她分享在患病期间和病友、朋友、家人及心理医生相处的一些细节，我觉得这个过程让她重新认识了自己。

我想将一段她感触特别深的话，分享给大家。

我过去的朋友和玩伴，大概也只是停留在了交叉的巨型流水线场域里。而在医院的住院生活，在某种程度上打破了这种无形的场域。就像我记忆中的那栋不起眼的单元房，大家的情感是相通的，痛苦、委屈、难受、内疚、怀念、开心、喜悦也是相通的。有钱有工作的人也会生病，高学历和低学历的人也可以坐在一起聊天，年老的和年轻的也有共鸣，护士姐姐也可以和病人在医院一起打乒乓球。我们拥有共同的情感和关爱，挫折与创伤，只是我们更愿意接受自己生病了，心灵和大脑需要时间休息，以及需要一段空闲时间来照顾好自己。

我觉得住院的经历好像反而让她有了一段时间真正回到自己，

去整理自己一些心灵上的问题。我们是不是也应该有这种机会和空间来做这样的停留？我们在日常生活中是不是也可以留给自己这样的空间和时间去思考？

项飙 _ 我非常感谢小芮这封很长的来信，里面分享了很多她的经历和思考。冬婷你讲到的这一点也是让我感触很深的，她在医院反而觉得放松了，反而觉得自然了。她还说了一句话，她觉得在医院，她才有了自我意识。

这个说法初听让人觉得很矛盾，其实也不奇怪。因为回到前面讲的自我陌生化，在单位、在公司工作的时候，你都被制度和规则界定，你和你同事的关系是判断和被判断。在不断的评估和被评估中，你对你自己来讲也成了一个陌生人。因为要表演，要不断去证明自己，要满足外在的评价。

在医院，她有了空隙。这空隙意味着什么？通过所谓"病"这个特殊的、剧烈的身体和认知上的危机，看到了自己存在方式内部的断裂。在医院，自己和主流日常社会也有了间隙，可以填补这些内部的断裂。当看到断裂，她的认知和她的身体感应开始重新走到一起。处于常态时，在住院之前，身体有病，你的意识一直告诉你要尽快克服，你要做得更好。到了医院，变得放松了，可以打开了，看到了别人。

小芮的信对我很有价值，还因为她写得很长。写得长，让我们知道了她的历史，知道了她有各种各样的感触，而不是一种孤立的情绪的突然迸发。我们知道了她从小受的教育，她承受的要排名、要不断被比较、不断被判断的压力。工作以后，她觉得，一切都是流水线般的关系，跟朋友的关系也是。对这么一个成长过程，我们有了整体而丰富的理解。

还有她提到她作为志愿者去援助别人，在一个城市里走过的时候，她看见很大的标语就觉得有点不适，有一种被道德绑架的感觉。一方面，她是在做这样的事情，做志愿者去帮助别人；另一方面，她又会对口号式的、道德绑架式的东西很敏感。

我觉得这也很有意思。她去帮助别人的时候，我觉得完全不是在实现某一种抽象的、崇高的价值，而是因为她自己意识到自己的病痛，于是希望通过非常具体的、帮助别人的行动去放松。她不是帮一次就算了，而是很愿意去跟踪。她要知道那些人有没有收到帮助，她也会很想知道那些人的生活情况是怎么样的、有没有改善，或者还有什么具体的困难。我估计她也不完全是以 NGO（非政府组织）做需求测定的方式去了解，她就是想知道这些人的状况。

我觉得对小芮自己来讲，去关心、帮助别人，也是因为需要这种非常具体的存在，甚至可能是身体性的需要。在这个时候，当她抬眼看到那些标语，是很刺眼的。

小芮看见标语觉得刺眼，自己却可以写很长的文字。这也正是我们为什么要强调去写"附近"，做非虚构写作，书写身边的陌生人。在一定意义上，这是在抢救我们的汉语，或者说给汉语加入一点氧气。让语言和我们的身体感知、生活感知重新建立一个自然的联系。不要让语言像一件大袍,被强行罩在我们身上。

年轻人"玻璃心",是一件好事情

贾冬婷 _ 刚才项老师提到与陌生人交流再深一层怎么办,有一个案例,我听了之后还是挺有感触的。

在第九届深港城市/建筑双城双年展的展览中,"看见最初500米"工作坊的作品以快递柜的形式呈现。快递柜周边都有保安在看管。何老师发现,这些保安是大家拍照的时候会有意规避的一个群体,他就想怎么样让保安也被人看见,也被拉到"最初500米"的范围内。所以何志森老师提到,第二期"看见最初500米"工作坊就设计了与保安共同完成一个作品。

这些保安当时还是双年展的工作人员,为了使他们不因为在工作时参与额外活动而被处罚,在展场内讨论的时候,何志森和同学们就用"张保安""王保安"等标签化的名字来指代他们。但没想到这些讨论被保安们听到了,他们对这样的称呼感到气愤,并开始不再和同学们交流,这让工作坊的同学非常难过,甚至很多同学在工作坊结束之前就退出了,我听说项老师也参与了调解。

当然,我不知道下文如何。何老师说,这其实也是一个有意的设置,希望大家能够意识到跟陌生人深入交流会带来一些冲突,有可能带来一些不那么愉快、不那么温情脉脉的交流。怎么去面对这些障碍和冲突?

项飙 _ 这个例子本身要讲清楚就比较复杂，何老师的观察我觉得是非常好的。

因为我们的展品，跟展览里一般的展品不一样，它是一个作品结集，36 件作品被放到一个体积相当大的快递柜里，主办方为快递柜配了一个保安。如果没有这个快递柜，就不会有保安在那儿。

保安一直在那儿。有的时候别人来了，会问他。有时候他也会给别人讲解一下作品。因为他一直站在那儿，所以在空间上，保安与快递柜这个作品是分不开的，他们变成了一个整体。但是观展的人很少会注意到保安，一方面是因为在中国各地保安无处不在，另外一方面是因为他们看不到这个作品和保安之间的联系。

对我们来讲，因为我们要"看见最初 500 米"、要看见"附近"，所以学员们就想把保安带进来。保安坐在那里那么长时间，他对我们这个作品怎么看？他对这些参观者的行为怎么看？

这个案例也是有代表性的，"最初 500 米"里面肯定有冲突：你要去做一件事情，比如作为记者去采访，你肯定有被人拒绝的经历，或者本来采访得好好的，但有人不配合，或者记者有的时候搞错了事情、说错了话，伤害到对方……我觉得这个案例的性质类似于这样。

我们可以从中学到什么？跟陌生人交往不是那么容易的。仅仅带着正确的意向是不够的，确实是需要一定的能力。这个能力是什么？我觉得是一种对场景的猜想和阅读的能力，这也是我们在前面讲到的。

我们把保安邀请到这个作品里面，这种邀请对他究竟意味着什么？我们当然觉得要让大家看见他，但他是不是愿意被看见？他愿意以什么样的方式被看见？你必须通过互动、交流，才能够了解这些，也要考虑用什么语言去表达，怎么跟他说……

　　但是你不能有太多的猜测和揣摩，否则就变得非常紧张了，你见了那个人就哆嗦。我从这个例子里总结的一个感想是：平时要不断地去观察，交流的时候越直接、越自然越好。对人的观察和阅读，不应该刻意去做，而是靠一种嗅觉。你也可以观察你的邻居，形成能力的积累。当你到达某一个点，觉得能够自然地发生交流，那就让交流自然地发生。交流的过程当中出现一些挫败，出现一些谈不下去的情况，也没有关系，因为这也是一个学习的过程。

贾冬婷 _ 跟陌生人交流那么容易造成不愉快，有人问，是不是现在的年轻人太脆弱了？

项飙 _ 我这个年纪的人常常说年轻人"玻璃心"、很脆弱。现在的年轻人内心情感的敏感程度是比我这一代人在二三十岁的时候要高的。但我觉得，年轻人"玻璃心"是一件好事情。

　　为什么？与"玻璃心"相对的是"钢铁心"，我们知道"钢铁心"是怎么炼成的。"钢铁心"炼成的代价实在太高了，不仅自己要付出代价，而且这种代价可能是跨代的。新一代呈现"玻璃心"，至少说明他们对各种各样的事情敏感。他们可能不能够很好地去分析，或者说不能够很好地去排遣、去面对，但是他不愿意一股脑儿地把情绪打压下去,重新把自己炼成"钢铁心"。

这听起来好像虚头巴脑,无足轻重,但是社会的革命性变化,常常是因为某一种感觉、某一种情绪得到了合法化。我们现在对儿童的态度,跟两百年前完全不一样。儿童不高兴时就要闹。今天儿童的"闹"具有很强的正当性,大人们会去认真对待。以前呢?儿童"闹"是要被管制的,要让他"听话"。现在儿童的角色不一样了,所以有了专门的儿童心理、儿童教育等学科。这意味着,我们对生命的理解不一样了。

现在对老人也是一样。在传统社会里,老人是权威,但是也正因为有权威,老人的内心、老人的各种欲望、老人的情绪,我们往往不去触及。老人就代表秩序、代表尊严、代表智慧,代表社会总体来管制我们。但是现在,我们接受老人是脆弱的,他们有各种情绪要求。虽然还在过程当中,但现在我们慢慢关注到了老人的情绪。老人的情绪和感知的合法性被广泛接受,这对社会改变的意义是非常大的。

其实大家都比以前更加"玻璃心"了。"玻璃心"容易受伤,但是了解受伤的道理,知道怎么去面对和分析它,至少是促进我们反思的一个非常直接的动力。

生活就是各种各样的"非必要"

贾冬婷 _ 有一个与陌生人连接的典型案例:如果有人在你面前伸出

一个拳头，在国外的街头，可能路人会尝试着碰拳互动，但是在国内，大部分人会警觉摆手，不想参与互动，或者不知道这是在干什么，就赶紧走掉。

这当然有东方社会的传统因素，再加上处于发展阶段，大家都很忙，都被社会推着走，很难有时间分配给陌生人。所以如果遇到互动，大家一般就以没有时间为由拒绝掉，也就是以一种最小的成本维持生活往日的平静。

很多时候，我们会用到一个词，就是"非必要"。觉得某件事，可能做了也挺好，但是会有一些其他的机会成本或者情绪价值的问题，所以是非必要的。怎么跳出这种"非必要"的怪圈？

项飙 _ 如果说人类的生活有进步，那就是生活里有越来越多的非必要，没事找事。

"必要"的成因和整个农耕社会有关。家庭稳定、生孩子，生了孩子要养活，就得去种更多的粮食。所以生活形成一个这样的闭环，永远是被"必要"推进。

当然农耕社会还有农闲，有各种短暂的、非必要的口子。根据马歇尔·萨林斯（Marshall Sahlins）的调查，在农耕社会之前，人的大部分时间是花在"非必要"上面，唱歌、睡觉、做游戏等等。在狩猎社会，狩猎不需要很大投入，捕鱼、摘果子，满足"必要"花费的时间和精力是不多的，那么大部分时间是闲暇。[1]农耕之后，

---

[1] Marshall Sahlins, *Stone Age Economics*（Routledge, 2017）.

闲暇就变得非常稀缺，人的大部分时间要用来做必要的事情。一个主要原因是农耕社会的人开始定居，人口密集度增加，权力开始集中，经济上出现分化，出现大规模的专职宗教特别是行政阶层，巨大的上层寄生阶层需要剩余产品。农民的很多必须，不是为了自己糊口的必须，而是交皇粮的必须。①

我们都知道凯恩斯在 1930 年说过，50 年以后我们就不需要每周工作 6 天，可能每周工作 3 天就够了。② 从技术上说，这可能是对的，因为以现在的物质生产条件，在比较短的时间就能够满足"必要"，人有大量的空余时间。但是现实恰恰相反，我们感知到的是所有闲暇已经消失，生活不仅是满，甚至满得溢出来。"加班文化"也是一个比较新的现象。我刚刚参加工作的时候，没有这样的加班文化。这完全是人为的。

刚才讲到大家都很忙。忙，没有时间，也是主观感知的问题。什么是时间？这完全是个相对的概念。物理意义上的时间是由空间决定的，时间是地球在太阳系里进行空间移动的结果。投射到社会关系上也是这样。如果你面对一个你非常重视的人，要和一个很重要的领导处好关系，你突然就觉得有很多时间。"忙"首先是一个注意力分配的问题，关乎主观上怎么区分必要和非必要。

一种制度要控制社会生活，需要把人的注意力调整到某一种方式。它要你认为这件事情非常值得注意，甚至你不一定要判定这件

---

① James Scott, *The Art of Not Being Governed* (Yale University Press, 2010).
② John Maynard Keynes, "Economic Possibilities for Our Grandchildren", *Essays in Persuasion* (W.W.Norton &Co., 1963), 358–373.

事情是好是坏，它把你的注意力调整到这件事情上，让别的东西在你的意识里面消失，这已经形成了很大的控制。

这也意味着，看起来很大的结构、历史、文化，其实到最后都是要通过每一个个体来发挥作用的。但注意力是我们自己的，不应该完全由别人控制，我们自己也应该注意，自己怎么定义什么是必要，什么是非必要。

别人的魅力和力量，其实来自你自己

贾冬婷 _ 项老师提到"魅力到哪里去了"这个问题，有一个回答我觉得挺有意思的。他说其实在社交软件中，大家都会展现自己最好的生活状态、精修过的照片、精心搭配的衣服等等，因为这些给我们的生活带来了"丝滑感"，粉丝人数的增多也证明了一个人的魅力。在现在这个时代，这个印象就是我们的第一张皮囊，在互联网上展示的形象在一定程度上决定了我们是否拥有魅力。

项飙 _ 我也看到不少朋友回应了我之前提出的"魅力到哪里去了"这个问题。我说，在我们小时候，大家希望自己朋友多，朋友多就说明一个人有魅力。① 很多朋友反馈说，魅力跟朋友多少没有关系，

---

① 原来的问题是：魅力到哪里去了？在我年轻的时候（30年前），吹牛的一个重要话题是看谁的朋友多。朋友多意味着自己能力强、有魅力。现在，朋友多少可能对生活的影响没有以前那么大，但是年轻人怎么表现自己的能力——完全成了个人的绩效？大家攒了那么多个人魅力，怎么表现呢？（还是现在大家对魅力也祛魅了？年轻人不吹牛了？）

魅力应该是谦虚的，比方说不张扬、有热情等等，这和我原来的理解很不一样。我觉得"魅力"这个概念作为人生活的一部分，不能归因为个体的内在特质，魅力是一种关系性特质。所谓魅力，就是能够与他人形成共振。比方看青少年，往往很调皮的人很有魅力。这与个体是不是具有优秀的内质没有太大关系，很优秀的人也可能没有什么魅力。

之前我们和艺术家刘小东谈"酷"，我们说"酷"是一种魅力，为什么？酷，是一个人做了别人认可但是又不太敢做的事情。它是一种勾起、一种联系，然后有共振，这跟这个人是不是谦虚或者高尚没有直接关系。

所以我好像看到这样一种倾向：一个本来应该是关系性、共振性的特质被越来越个体化、内在化地理解。我们去评价人、去感知别人，不是通过魅力这样激发性的特质，而是用品质去评判：这个人是不是优秀？这个人是不是勤奋？如果这反映大部分人的想法，那我们确实可以说不仅魅力消失了，甚至连"怎样才算有魅力"作为一种认知方式也消失了。

有一个朋友分享，他说他来自东北，喝酒、吃烤肉串、吹牛是他们东北人的标配。他们有一个词叫"摇人"，初中时魅力的表现方式是"摇人"，一招手会来很多朋友，是一种魅力。他说，到了高中，魅力就变成对鞋子、对家境的评价。因为大家都穿校服，鞋子是唯一可以自己选择的物件，就成为一个很重要的指标。到了所谓成年之后，魅力就变成一种体面，完全从一种共振的关系、互相激发的关系，变成了你如何被评判，是不是体面、从事什么样的工作、赚多少钱、穿什么衣服等等，当然也可能包括一些所谓的内在品质，比如行为是不是很得体、是不是表现得谦虚。

我们原来被一个人吸引，往往是先被吸引，事后再去想我为什么觉得那个人有趣。吸引你的一般不是某个一眼可以看穿的品质，而是说那个人让你看到了你自己内在的某一种力量，让你看到一种解放。别人的"酷"，其实是你内心希望变酷、希望通过变酷给自己力量的愿望的投射。别人的魅力和力量，其实来自你自己。但是现在，我们对魅力的理解越来越缺乏互相激发性，而变成了这个人是我的榜样，我要向他学习。

贾冬婷 _ 陌生人，看似是一个简单、普通的概念，但是项老师做了非常深入的展开，很有穿透力，一层一层去阐释它。从我的体会来说，陌生人是一个把手，我们不是在寻求既有的、现在就要的、明确的答案，可能提出这个问题更重要，看到和感受到是第一步，也是最重要的一步。

陌生人这个概念可大可小，或者说它有大有小。从小的层面上说，它是一个具体化的问题，不是像保安、保洁、快递小哥这些一个个抽象的概念。你可能需要把这个问题具体到看待你身边的一个个人，认识他的面貌，知道他的名字，知道他的经历。

从大的层面看，陌生人是一个非常泛化的概念，可以说无所不在。我觉得对这个概念的认知能让我们意识到、感知到身边各种关系的存在，从家庭到社区到更远的人，包括网络上的人。

最终还是要回到自己，去反思自己和他人的各种关系。这可能也是我们发起这样一个对话行动的目的。我们希望能启发大家、激发大家重新建立真实的、有生活的、在现场的连接。

只有勇敢打开自己，才能让别人对你敞开心扉，因为你自己对别人来说也是陌生人。所以，一切可能最终要回到我们自身。

后记

"制造"对话场

贾冬婷

从"看见附近"到"看见陌生人"

在 2025 年回顾"你好，陌生人"的系列对话，又将我拉回到 2023 年的"滞点"时刻。在人与人的被迫隔绝中，我们格外向往见面聊天的身心激发，向往充满褶皱的公共生活。"附近"重新被发现，这场关于如何看见陌生人的系列对话也在当时激起了热烈回响。

当我们重回公共空间后，"看见陌生人"是否不再是问题了呢？真实的感受并非如此。重新与陌生人面对面，我们却更深切地意识到彼此的视而不见。这背后更深远的问题是，在无孔不入的数字化网络的渗透下，万事万物变得透明化、扁平化了，这带来一种似乎无拘无束的全新"自由"。然而这一切的结果是，真实的社交正在系统性地被摧毁。

1845 年，梭罗在隐居瓦尔登湖时，房间里准备了三把椅子，"独处时用一把，交友时用两把，社交时用三把"。雪莉·特克尔

(Sherry Turkle)认为,这三把椅子分别代表了自省、同理心和良师益友三种美德,它们共同构成了一个良性循环。但是,技术破坏了这种良性循环,而这种破坏从独处就开始了。哪怕只有几分钟,人们也难以忍受独处,不自觉地想去看手机。三把椅子的良性循环也土崩瓦解:因为害怕独处,我们把注意力都放在了自己身上,丧失了关注他人的能力。①

如今 ChatGPT 等人工智能工具飞速进化,如同第四把椅子加入,我们不仅通过机器交谈,还面对机器交谈,这在不知不觉中加速了自我的异化。变化不可避免,但我们需要在变化中找到新的循环。看见陌生人,或许就是重拾交谈、重拾自己的第一步。

回想我自己多年的记者生涯,其实一直在倚仗陌生人的善意。无论线上信息可以获取到什么程度,都无法取代亲身去到新闻现场,跟人当面聊。可以说,陌生人身上自带神秘、诱惑、差异、排斥……通过交谈破除"陌生"的过程,如同经历一场奇妙冒险,会大大增加认知的深度、厚度和温度,而不仅仅止于获取碎片式信息。

陌生人在远方,也在附近。甚至如同项飙老师所说,"我"也是陌生人。"看见陌生人"的倡议,在被人工智能冲击的当下更为必要,更为热切。

"你好,陌生人"系列对话源于 2022 年何志森与项飙老师共同发起的"看见最初 500 米"工作坊,他们邀请三联人文城市参与进来。

---

① 雪莉·特克尔,《重拾交谈》,中信出版集团,2017 年。

看见附近，看见最初 500 米，与三联人文城市的理念相契合。我们所推动的，也是在各个层面重新搭建人与城市、人与人的连接。而在此之前，项飙老师提出的"重建附近"已经让公众在心理上有高度共鸣，但在实践中却迷茫于"消失的附近"如何重建。我们认为，线下工作坊是个起点，而借助大众媒体平台，可以将议题再向前推进一步，同时容纳更广泛的公众参与。于是我们邀请项飙老师在三联平台上共同发起新议题的内容生产和整合传播。

　　在议题设置上，"附近"也好，"最初 500 米"也好，听上去相对抽象，让人更容易联想到物理空间。公众对于公共空间的意识较弱，而对人与人的关系意识较强，那么讨论是否可以从人入手？于是我们确定了"你好，陌生人"这一主题，从空间重建推进到人的重建，这样更有行动力，打招呼句式也更有传播性。如项飙老师所说，"看见陌生人，看见附近，看见自己，看见社会。这个看见，是存在的一个基础，是生活的一种能力"。

"用心栽花"与"无心成柳"

　　如梭罗形容，公共对话需要"三把椅子"，我们要做的，就是找好场地，摆好椅子，邀人坐下，让对话发生。再摆上一些空椅子，让观众也可以置身其间。这首先是一个"用心栽花"的过程。

　　"你好，陌生人"主题既定，还需要相应的内容形态及传播方式。那么，是否可以打破常规的单一叙述，进行一种开放式对话？参与对话者是否可以多元跨界,除了专家、学者,激发更广泛的公众参与?是否可以多平台、多频次传播?

对话的特点是什么呢?与单人的知识讲述相比,双人或三人对话更有陪伴感和沉浸感;与短视频相比,长音频或长视频的对话没有过度修饰,更真实、亲近、有获得感,也更有长尾效应。可以说,对话不仅仅是一种提供情绪价值的新型"电子榨菜",也是一种有养分的精神食粮。

"你好,陌生人"的目标,是探索与周边、与附近关系的操作方法,激发多领域、多层次、多平台的公众参与,培养大家观察、注意、想象的能力。基于这些考虑,"对话"被确定为适合的承载形态。

想要打造有长尾效应的 IP,而不是一次性输出,就要进一步思考"对话"这一形态如何深入。其中包括,设置系列对话的话题角度、筛选对话人、研究话题、设计问题提纲、确定传播策略及整合传播平台等。要实现这一目标,就意味着对话不是即兴而为的,以上环节都需要严密和精心的设置。

首先要设定系列对话的不同延伸角度,让主题不断扩大内涵和外延。我们意识到,"陌生人"在社会学领域已经是一个有界定的学术术语,要使其在大众传播层面有进一步延展,就不能局限在抽象框架内,而要让话题方向进入多元领域和生活场景。

那么,哪些领域会跟"陌生人"发生最紧密的关联,以及给跟陌生人的关系建构带来启发呢?可以想象,艺术家对人的观察,社会学者对人与人关系的探究，纪录片导演对人性的洞察，都是带有专业度的关联视角的。如果将话题再向外延伸，人与植物的关系，人与动物的关系，则是对人与人关系的一种拓展。

对话者的确定是与话题领域相辅相成的。筛选的一项关键标准是，对话者不仅是从理论出发的，而且在实践层面有与公共性的关联，又有独特的创见，这样才能将对话深入生活现场中。由此，我们设置了五个领域的五场跨界专家对话，以及其后一场公众对话。

要实现有效的对话，关键是主对话人之间要有充分交锋。在这个系列里，项飙老师承担着发起对话、输出观点及推动行动的角色，我们决定增加第三人作为提问者，某种意义上这是"托举"对话的人，这个角色由我和设计研究者段志鹏在各场轮流担当。

每场话题和对话人确定后，话题研究和提纲设置也很重要。不同于通常的文字对话形式，问答可以在后期进行二次处理，甚至打破顺序重新进行逻辑安排，这次"你好，陌生人"系列对话首先要在三联视频直播平台开展，之后再转化为其他内容形态，这就对前期问题的充分研究和设置，以及现场对话的逻辑性、完整性、问答质量等，都提出了更高的要求。

我们的前期资料准备在两个方面展开，一方面是围绕主对话者的，另一方面是围绕相关公共话题的。以第一场项飙与刘小东的对话为例，关键词是"如何看见陌生人"。之所以选择刘小东，不仅仅是因为他的艺术家的身份，某种意义上有"看"的特权，更是因为他的"现场"意识。在过去十年间，他不断走进世界上不同地域,融入一个个具体鲜活的家庭,与当地的人和事发生关联,在现场观察、了解、描绘他们,对"看人"有深入的思考。与之相呼应的,是一系列受关注的公共事件,比如疫情期间在全球发起的"窗景交换"行动,比如有人在地铁上持续地"画一个陌生人",比如在社交账号上开设"普通人博物馆",比如理论层面的"隐形斗篷错觉",等等。

问题提纲的设计,依然以第一场为例。探讨如何看人,就要先对"看"进行剥洋葱式的解剖。最表面一层是"看相"或"看脸",之后是"看身体",再然后是"看见生活感"。于是,问题设计就从为什么选择刘小东来引入,之后进入绘画中的观看、生活中的观看、艺术家眼中对人的分类、在现场观看的重要性、看身体与看脸的区别、把创作当作方法和行动、看见陌生人的个人经验分享等。

在完成前面这些"用心栽花"之后,我们开始期待"无心成柳"的结果。对话的魅力,永远是自然发生、自然推进的。可以说,没有"用心栽花",就不会有"无心成柳",但后者,很大程度上是无法规划和预测的。对话最吸引人的部分,就是被新的问题引领着往更深更远处走,或者在不经意间走上一条岔路,却发现了更美更开阔的风景。

在第一场项飙和刘小东的对话中,两位对话者并未太多停留于艺术家角度的专业视觉观看,而是集中探讨了如何看见人的生活感。刘小东提到"看人是一种社会智力",说看人不是看相,不是看表面、看脸,实际上是看内在的生活积淀。这也延伸出"生活感如何构建"的话题,激发了观众的广泛共鸣。

第二场的对话者是专注于真实罪案分析、悬疑推理的公众号"没药花园"主理人何袜皮。她是人类学博士,她的实践是紧紧围绕公共事件展开的,近有小区保安群体调查,远有极端犯罪事件调查。再结合公共舆论关注的"附近的消失和附近的陌生人化",于是我们预先设定了这场对话的方向,围绕城市里陌生人与安全感的关系展开。在这一话题方向下,再去设计问题如何推进,比如恐惧感与陌生人的关系、社区安全感如何建构、恐惧来源中的性别倾向等。在这一场对话的现场,有不少新的重要话题得以发现和探讨,比如为什么我们对自己身边的人视而不见,却向远方的人倾诉自己的内心。其中牵扯到亲密关系里陌生化、陌生人的边界问题。

第三场是与纪录片《杀马特我爱你》导演李一凡的对话。之前人们感觉杀马特是一个非主流群体,社会给他们贴了这样的认知标签。而在这期对话里,我们看到杀马特身上普适性的东西。比如他们提到"在流水线上是没有历史的,做杀马特才有",实际上是一种普遍性的对焦虑的表达。另外项飙老师也提到,杀马特其实是自我陌生化的一个群体,他们通过陌生化自己在社会中获得自己的安全感。

第四场和第五场,对话者分别是上海社区花园发起人刘悦来,以及南京市红山森林动物园园长沈志军。社区花园一场中,话题不只是社区花园如何建造,还转向植物如何连接社区里的陌生人,以及为什么植物能够带来这种连接。动物园一场里,话题则转换到人与动物的新型关系,以及动物与动物的关系对陌生人的彼此看见有哪些启发。正如沈志军园长所说,观看动物其实也是让人看到自身,看到自己和他人的关系。

这五场对话首先通过视频号直播开展,获得每场几十万的观看量,但这样并不足够。我们认为,这五场对话还是在专业领域内的碰撞,如果想实现充分的大众"破圈",还需要让场地里的观众把"椅子"聚拢过来,进一步放大"对话场"。

放大对话场

在探讨对话的意义时,项飙老师提到,对话者之间的相互激荡固然重要,但更关键的是,通过对话设一个"场",把更多的普通人吸引进来。在这个场里,对话一来一去,中间就会有空隙,大家就会参与进来,激发思考,觉得同意或不同意,觉得这个说法跟自己的经验相符,或者觉得有点拧巴,进而思考拧巴在哪里。这就是一个通过"对话场"去激发的过程。

从这个意义上看,主体对话者是双方,提问者是第三方,但更关键的是潜在的第四方公众,就是我们要激发的对象。那么,怎么实现这种进一步的放大和激发效应呢?我们采取了两种方法,一是设置公众激发和参与机制,二是利用多媒体平台进行整合传播。

如何设置公众激发和参与机制?首先,在几场对话直播前,我们先邀请多元领域的专业人士分享生活中的一个具体经验,关于如何看见附近，看见陌生人。分享人涵盖了设计师、植物学家、建筑师、作家、漫画家等，他们从城市的文字、声音、植物和烧烤摊等出发，分享自己的途径和方法。我们把这些分享以微信推文的形式发出，起到对公众抛砖引玉的作用。此外，我们联合了小红书等合作平台，每期直播后在小红书、三联微信公众号、中读 App、三联公共邮箱等平台上征集公众的反馈和提问。最后，把这些公众提问筛选、分类、整理，变成一个个"问题包"，进入最后一场对话"项飙，请回答"，由我代替公众提问给项老师。

在最后一场对话前，小红书平台的话题互动浏览量超过 2500 万，各平台留言互动数量近万份。很多网友的问题或反馈都写得非常长，都是基于自己的生命经验和生命思考。项飙老师说，这可以说是一种社会学意义上的"礼物"。他们不只是写给某个人，还要写给一个更加具有公共性的群体，是要跟更广阔的世界、更广阔的人群分享。

要进一步放大对话场，实现有效的公众互动，首先要处理的是成千上万份来自受众的反馈，或者说问题库。我们借鉴社会学的方法，按照连接陌生人由远及近的顺序，像"水波纹"一样，把来自公众的"礼物"一一分类，筛选，再一一讨论。

由远及近，第一类是关于观察陌生人、与陌生人打交道的故事和感受，这类也是最普遍意义上的与陌生人的交流，比如来自出租车司机的一些关心，还有小摊铺前的交流等。实际上这些多是被动地与陌生人展开接触，但是借助陌生人的善意，往往会开启一场很奇妙的谈话。第二类是主动去看见陌生人的、接触陌生人的故事。比如有位网友开发了一个模拟写信的 App，通过 IP 地址显示距离的远近，服务信件到达的时间会因此相应地发生变化。第三类是在连接陌生人的过程中，产生了一些结果的。比如温州一个社团每周五的晚上都要请 6 个陌生人一起吃饭，连续做了 7 年，举办了 178 场。第四类是集中在"准陌生人"层面上的交流，比如与周围的同事，身边的同学、朋友的交流。再下一类是亲密关系里所不熟悉、不了解，甚至非常陌生的一部分，特别是很多人提到"最熟悉的陌生人"，困惑于跟父母之间的关系。最后一类就回到我们自身。与陌生人建立关系，最终还是要回到自己。

对这样一层层深入、来自一个个普通人的具体困惑和分享，项飙老师做了充满共情和极具洞见的回应。最后这场对话的效果也是立竿见影的，在周刊视频号平台上也创下单场 67 万人观看的纪录。

在公众参与机制设置之外，我们同步设置了多媒体平台的整合传播。对话的最直接传播形态是视频直播，引爆话题；之后将内容精简后变成播客，二次发酵，引发长尾效应；推出系列微信文章，深度回顾，号召公众参与；制作短视频切片，再现对话中的精彩片段，扩大影响力。现在这系列对话又结集成书，之后我们还希望去筹划同主题线上线下活动等，进一步扩大传播辐射面。

值得一提的是，从线上对话到图书出版，是又一次全面内容深化的过程。根据图书体例，我们对六场对话内容重新做了编辑整理，形成全书的主体章节。项飙老师增补了一万多字的前言，搭建了坚实的理论框架，也提供了对话发生的"景深"。这篇前言从更长的时间维度、更综合的社会背景下去看"陌生人"议题，同时将"陌生人"反身为"我"，有助于读者建立在当下探讨这一问题的坐标系，以及切身性。我也增补了这篇后记，去回顾这一系列对话的发生过程，以及媒体在其中扮演的角色。

在这一系列层层推进的内容生产过程中，很多人都为此凝聚了心力。我首先要特别感谢项飙老师，没有他敏锐而直觉的议题生发，对大众尤其是年轻人具体问题的关注与共情，以及对每场话题的拆解力和穿透力，就不可能收获如此热烈而持续的公众回响。感谢几场对话的参与者刘小东、何袜皮、李一凡、刘悦来、沈志军老师，以及参与主持的设计研究者段志鹏、提供策划建议的何志森老师，他们贡献了自己的专业智慧和实践经验，让"陌生人"话题在一个个具体"场景"下展开并深入。感谢在各个平台无私分享了自身生命体验的观众和读者朋友，让"你好，陌生人"在更广阔的世界里拓展。

还要感谢我的同事们，三联生活传媒有限公司的出版编辑赵翠承担了细致入微的沟通和编辑工作，出版总监罗丹妮提供了宝贵而关键的专业意见，三联中读内容部的张天健、俞力莎提供了播客平台的支持。更要感谢从始至终投入各种繁杂幕后工作的三联人文城市团队的伙伴们，袁潇雪、叶子（叶嘉莉）、王菲宇、俞冰如、宋洋、吴佩珊。谢谢你们！

回到"礼物"这种给予的本源，可以说，我们开展系列对话的初衷，就是去建立个体与附近、与社会关系的中介，去寻找礼物式的桥梁。相信在这本书出版后，"你好，陌生人"可以促成新形式的涌现、新主体的参与，持续地生长下去。